地形の思想史

原 武史

角川新書

まえがき

民俗学者の柳田國男《やなぎたくにお》は、『婦人之友』一九二六（大正十五）年一月号に掲載された「雪国の春」のなかで、こう述べている。

白状をすれば自分なども、春永く冬暖かなる中国の海近くに生れて、このやや狭隘《きょうあい》な日本風に安心し切っていた一人である。本さえ読んでいれば次第次第に、国民としての経験は得られるように考えてみたこともあった。記憶の霧霞の中からちらちらと、見える昔は別世界であったが、そこには花と緑の葉が際限もなく連なって、雪国の村に住む人が気ぜわしなく、送り迎えた野山の色とは、ほとんと《ママ》似も付かぬものであったことを、互いに比べてみる折を持たぬばかりに、永く知らずに過ぎていたのであった。七千万人の知識の中には、こういう例がまだ幾らもあろうと思う。（『柳田國男全集2』、ちくま文庫、一九八九年）

柳田の言う「中国の海」は、瀬戸内海《せとないかい》を指している。瀬戸内海に近い兵庫県の福崎《ふくさき》で生まれ育った柳田は、同じ日本のなかに、自分の故郷とは気候も風土も全く異なる「雪国の村」があることを全くわかっていなかった。そればかりか「本さえ読んでいれば次第次第に、国民としての経験は得られるように考えてみたこともあった」ことを、一人の学者として痛烈に反省しているのだ。「七千万人」というのは、当時の日本の人口を意味している。日本の一部にしか当てはまらないはずの知識が、あたかも国民全体の「常識」になっているケースは、まだほかにもあるのではないか——柳田はこう警鐘を鳴らしている。

柳田は、『塔』一九三三（昭和八）年一月号に掲載された「豆の葉と太陽」（前掲『柳田國男全集2』に所収）でも、「全体に今は少しく『読む』ということに偏している。この拘束を抜け出して、改めて生存の意味を学び知るためには、旅でも散歩でも、とにかくもう少し『あるく』ことが必要だと思う」と記している。書物を読むだけでわかった気になってはいけない。自分の足で歩いてみないことには、「生存の意味」をわかったことにはならないと繰り返し言っているわけだ。

柳田の指摘は、現在の日本の学問をめぐる状況にも、十分に当てはまる。大学で研究している多くの人文社会系の学者は、首都圏や近畿圏などの都市部に住み、空調の効いた研究室で書物に囲まれながら日々研究に励んでいる。そうした環境のもとに書かれた日本の政治や社会などに関する論文では、明治以降に成立した国民国家の存在を自明のものとし、日本という言葉を何の留保もなく使う場合が少なくない。私の専門である日本政治思想史もまた例外ではない。

だが一口に日本と言っても、日本ほど過去から現在にかけて形成された多種多様な地形からなる国家も珍しい。全体として平地（台地や低地）は約二五％しかなく、山地や丘陵地が約七三％を占めていて、峠も数え切れないほどある。川の数も公式に三万五千以上あり、一級河川はしばしば扇状地や河岸段丘をつくり、海へと注ぐ。海岸線の長さは約二万九千七百五十一キロと、米国や中国よりも長く（世界で六番目）、半島や湾や汽水湖が織り成す複雑な地形を形成している。二〇二三年の調査によれば、島の数も約一万四千百と、世界でも有数の多さを誇る。

こうしたデータは抽象的であり、地図を見ただけでわかった気になっている場合が多い。最近では通信機器が発達したことで、まるで本物のような体験が得られることすらある。けれども実際に全国各地を訪ね歩いてみると、そうした体験はあくまでもヴァーチャルであり、いかに本物と掛け離れているかを痛感させられる。柳田國男が「雪国の村」をいかにわかっていなかったかを実感したのと同じような体験を味わうのである。

もちろんいまでも日本人は、都市部だけで生活を営んでいるわけではない。人間の思想というのは、必ずしも都市部のような、自然の地形とは関係のない人工的な空間だけで生み出されるわけでもない。逆に地形が思想を生み出したり、地形によって思想が規定されたりする場合もある。たとえ自然を破壊する開発がいくら進もうが、長い年月をかけてつくられた地形そのものを根本的に改変してしまうことはできない。

本書はこのような問題関心のもとに、柳田にならって「読む」ことよりも「あるく」ことに重点をおき、いわゆる観光地とは異なる国内のさまざまな場所に出掛けながら、地形と思想の浅からぬ関係について考察した紀行文風のエッセイである。

具体的に言えば、静岡県の奥浜名湖《おくはまな》に突き出た岬、東京都から山梨県にかけての奥多摩《おくたま》の峠、瀬戸内海に浮かぶ岡山県と広島県の島、山梨県と静岡県にまたがる富士山麓《ふじさんろく》、神奈川県の三浦《みうら》半島と千葉県の房総《ぼうそう》半島にはさまれた東京湾の沿岸、相武台《そうぶだい》と呼ばれる神奈川県の台地、そして鹿児島県の大隅《おおすみ》半島を訪れてみた。

いずれも、独特な地形と、伝説を含めてそこに滞在ないし生活する人々との間にきわめて強い関係が見られる場所と言ってよい。

移動手段としては、主に鉄道と自動車を用いた。鉄道が通じていない場所へはタクシーやレンタカーを利用したが、東京から比較的近い場所へはKADOKAWAのPR誌『本の旅人』の編集長だった小林順《こばやしじゅん》さんの車や自分の車で行った。島への渡航や湾の横断に際してはフェリーを使い、鹿児島までは飛行機を使った。

だがいずれの回も、現場を「あるく」こと、ただ鉄道や自動車に乗っているだけではよくわからない、地形が織り成す風景をじっくりと観察すること、そして必要があれば現地の人々に直接会って話を聞くことに精力を費やした。このため、関連する著作への言及に劣らず、自分自身が現場で見たり聞いたりしたものの描写に紙幅を割いた。読者の方々に臨場感を味わっていただければ幸いである。

目次

地図　オフィス・ストラーダ
写真　編集部

第一景「岬」とファミリー

上

東京から東海道新幹線《とうかいどうしんかんせん》に乗るときには、なるべく右側の席に座るようにしている。富士山《ふじさん》もさることながら、浜松《はままつ》を過ぎてしばらくすると、遠州灘《えんしゅうなだ》とつながる汽水湖である浜名湖《はまな》の広々とした風景が見えるからだ。晴れていると湖面が青々と光っている。並行する東海道本線の舞阪《まいさか》―新居町《あらいまち》間でも、同じような風景が眺められる。

実はもう一つ、浜名湖を眺められる線がある。東海道本線の掛川《かけがわ》と新所原《しんじょはら》を結ぶ第三セクター、天竜《てんりゅう》浜名湖鉄道天竜浜名湖線（略称天浜線《てんはま》）である。

この線はもともと国鉄二俣《ふたまた》線といい、東海道本線の浜名湖付近が戦争中に敵の攻撃により不通になった場合のバイパス線として建設された。ところが赤字が膨らんで国鉄末期に廃止が承認され、一九八七（昭和六十二）年三月に第三セクターに転換した。

この年の秋、私は初めて掛川から天浜線に乗った。一両編成のレールバスのようなディーゼルカーであった。いつ浜名湖が見えるのかと車窓に目を凝らしていたが、なかなか現れな

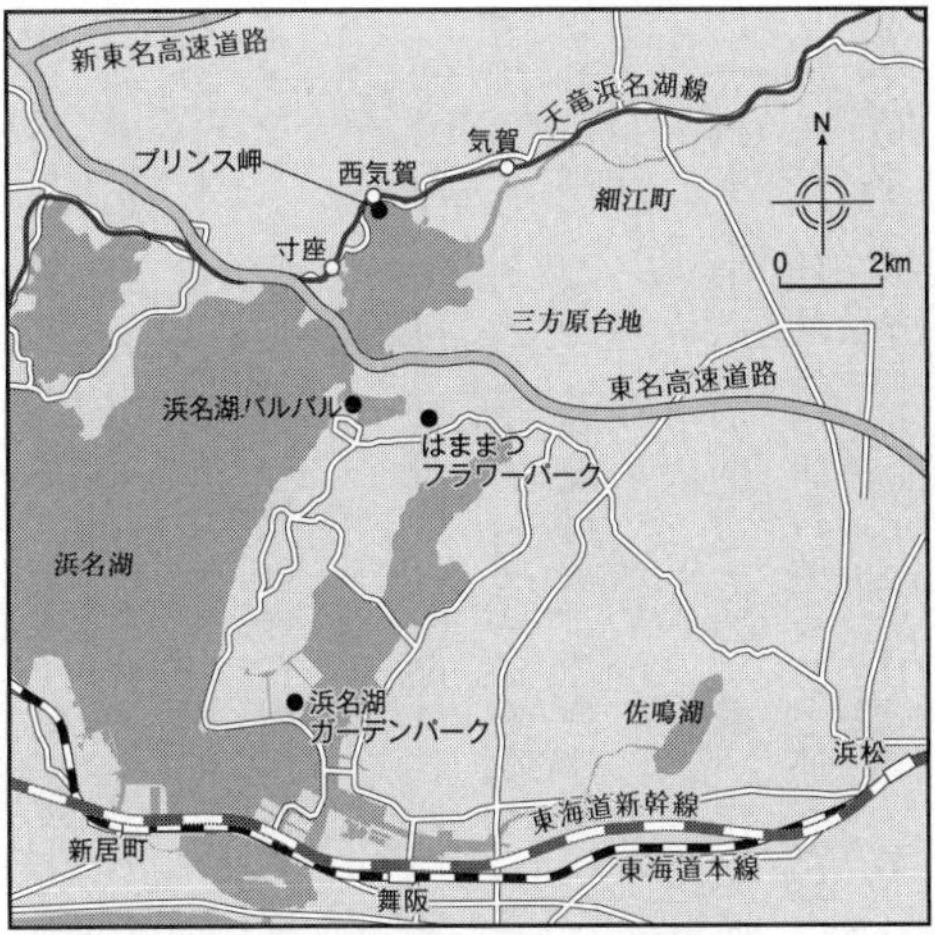

浜名湖周辺図。西気賀駅近くの小さな半島が「プリンス岬」

かった。細江町《ほそえちょう》（現・浜松市北区）の中心駅である気賀《きが》を出て次の西《にし》気賀が近づいてきたあたりで、ようやく左手の視界が開け、水のかたまりをとらえることができた。そのときの感動はいまでも忘れがたい。

ここは『万葉集《まんようしゅう》』で「遠江《とおつおうみ》 引佐《いなさ》細江の澪標《みおつくし》 我れを頼めてあさましものを」（作者未詳）と詠まれた引佐細江と呼ばれる浜名湖の奥で、湖というよりはむしろ入江のようになっており、漁村の空気が漂っていた。東海道新幹線や東海道本線から見える浜名湖とは印象が異なっていた。

だがこのときは、西気賀駅のすぐ近くに、湖に突き出た小さな半島があることに気づかなかった。ましてやこの半島が、地元の人々から「プリンス岬」と呼ばれていることなど、当時は知るよしもなかった。

プリンスは皇太子を意味する。現上皇明仁《あきひと》が皇太子時代に当たる一九六八（昭和四十三）年から七八年にかけて、皇太子妃（現上皇后）美智子《みちこ》や子供たち（浩宮徳仁《ひろのみやなるひと》〔現天皇〕、礼宮文仁《あやのみやふみひと》〔現秋篠宮《あきしののみや》〕の両親王、紀宮清子内親王《のりのみやさやこ》〔現黒田《くろだ》清子〕）、そして時には実姉で夫を亡くした鷹司和子《たかつかさかずこ》とともに八回も夏に数日滞在し、水泳、和船乗り、定置網漁、ホタル狩り、七夕飾り、花火などを楽しんだ会社の保養所があることから、いつしかこう呼ばれるようになったという。

なぜ皇太子は、戦後の一時期にこのひなびた湖の岬で妃や育ち盛りの子供たちとともに過ごすことを好んだのか。その謎を解くことは、単にミッチーブーム以降の皇室の歩みを検証するだけでなく、戦後日本の社会や家族のあり方を検証することにもつながるのである。

大日本帝国憲法の制定に際して、伊藤博文《いとうひろぶみ》（一八四一〜一九〇九）は「我国ニ在テ機軸トスヘキハ、独リ皇室アルノミ」と述べた。皇室は国家秩序の中核であるばかりか、精神的機軸でもあるとされたのだ（丸山真男『日本の思想』、岩波新書、一九六一年）。大日本帝国憲法で天皇は「統治権の総攬《そうらん》者」とされ、「万世一系ノ天皇之《コレ》ヲ統治ス」とされた。伊藤に言わせれば、天皇とは国家と完全に一体化した「公」なる存在であり、「私」は原理的にあり得ないことになる。

確かに明治天皇（睦仁《むつひと》。一八五二～一九一二）は、一九一二（明治四十五）年七月十九日に突然倒れるまで、「公」として振る舞おうとした。一八七三年八月、箱根《はこね》宮ノ下《みやのした》に滞在したのを唯一の例外として、私的な理由で休むことがなかったことからも、それはうかがえる。明治天皇にとっての私的空間は、一般国民が目にすることのない宮殿内の御内儀（オク）だけであった。そこには天皇のほかに一人の正室（皇后美子《はるこ》）が住んでいたほか、御内儀とつながる局《つぼね》には側室を含む多くの女官が住んでおり、子供たちは同居していなかった。

ところが、大正天皇（嘉仁《よしひと》。一八七九～一九二六）の場合は違った。嘉仁は生まれたときから病弱で、何とか成長して皇太子にはなったものの体調は回復しなかったため、明治中期から栃木県の日光《にっこう》、神奈川県の葉山《はやま》、静岡県の沼津《ぬまづ》などに御用邸が建てられた。これらの御用邸は、皇太子の静養を第一の目的としていた。

このため嘉仁は、明治天皇とは異なり、皇太子時代から毎年夏や冬に御用邸にしばしば滞在する生活を送るようになる。一九〇〇（明治三十三）年に結婚してからは、同年夏に新婚旅行を兼ねて日光田母沢《たもざわ》御用邸に滞在したのをはじめ、皇太子妃節子《さだこ》（後の貞明《ていめい》皇后。一八八四～一九五一）と一緒に御用邸に滞在することが多くなる。嘉仁は天皇になってからも、こうした生活を変えようとはしなかった。

大正期の天皇は、皇后とともに夏は日光や葉山、冬は葉山に滞在した。天皇の日々の動静が記された『大正天皇実録』補訂版第四（ゆまに書房、二〇一九年）によると、御用邸に滞在中も首相や閣僚らと面会する一方、日光では乗馬を、葉山ではヨットを楽しんでいる。この点では確かに御用邸が私的な空間になったのだ。だがやはり皇室のしきたりに従って子供たちとは別居しており、年齢の離れた澄宮崇仁《すみのみやたかひと》（三笠宮《みかさのみや》。一九一五～二〇一六）を除く迪宮裕仁《みちのみやひろひと》（昭和天皇。一九〇一～八九）、淳宮雍仁《あつのみややすひと》（秩父宮《ちちぶのみや》。一九〇二～五三）、光宮宣仁《てるのみやのぶひと》（高松宮《たかまつのみや》。一九〇五～八七）の三人の親王が、御用邸で一緒に過ごすことはなかった。

一九一四（大正三）年八月、日本は第一次世界大戦に参戦し、ドイツに宣戦布告した。同年十一月には早くも青島《チンタオ》が陥落したのを見届けた天皇は、一五年一月十二日から葉山御用邸に滞在する。皇后も一月二十二日に葉山に移り、三月十九日まで天皇とともに滞在するが、宮内公文書館所蔵の「貞明皇后実録」によると、この間に戦地から帰還した軍人が戦況の報告に訪れ、天皇ではなく皇后に面会している。

昭和天皇もまた御用邸に滞在しながら首相や閣僚らに面会したのに加えて、戦中期には葉山や日光田母沢の御用邸で戦地から帰還した軍人に会って戦況を聴取したり、首相や参謀総長らの奏上を受けたりしている。御用邸に御座所や謁見所があったゆえんである。

それだけではない。日本国憲法のもとで「国民統合の象徴」へと変わった戦後も、首相や閣僚らが御用邸に赴いて内奏をしたり、御用邸で天皇が会見を開いたりしていたことが、東京書籍から刊行された『昭和天皇実録』から読み取れるのだ。この点で御用邸は、皇居と同じ性格を一貫して兼ね備えていた。

昭和天皇は一九二四（大正十三）年に久邇宮良子《くにのみやながこ》（香淳皇后《こうじゅん》。一九〇三～二〇〇〇）と結婚している。二人の間には二人の親王と五人の内親王（うち一人は早世）が生まれたが、やはり子供たちと本格的に同居することはなかった。

正確に言えば、第一子に当たる照宮成子《てるのみやしげこ》内親王（一九二五～六一）は女子学習院に入学するまで両親と同居していた。だが貞明皇后や高松宮から、手元で育てたから甘やかしたと激しく批判されたこともあり、一九三三（昭和八）年に生まれた継宮《つぐのみや》明仁（現上皇）を含め、幼少期を除いて再び別居になった。しかも戦争末期から敗戦直後にかけての時期には、継宮明仁と義宮正仁《よしのみやまさひと》（常陸宮《ひたちのみや》）の両親王が日光に、三人の内親王が日光に近い栃木県の塩原《しおばら》に疎開するなど、子供たちもバラバラになった。

皇太子明仁は敗戦直後に奥日光の湯元《ゆもと》温泉から帰京してからも、しばらく東京都下の小金《こがね》井《い》の御仮寓所《ごかぐうしょ》（現・江戸東京たてもの園）に住んでいた。戦後も天皇は皇后とのみ栃木県の那《な》須《す》や葉山の御用邸に滞在したのであり、たとえ御用邸に子供たちがやって来ることはあっても、一緒に滞在することはなかった。御用邸というのは、夫婦が過ごす場所ではあっても、家族が過ごす場所ではなかったのである。

日光田母沢と沼津の御用邸は、いずれも戦後に廃止され、栃木県日光市と静岡県沼津市により整備されて記念公園として一般に公開されている。沼津御用邸は空襲で本邸を焼失し、西附属《ふぞく》邸と東附属邸だけが残っている。邸内に入ると、前述した御座所や謁見所のほか、御学問所、皇后御座所、寝室、高等女官詰所などの部屋があったことがわかる。建築的な観点から見ても、皇居と変わらない機能を備えていたわけだ。

現在使われている那須、葉山、そして静岡県須崎《すざき》の各御用邸の建物の延べ面積は、那須が六千九百五十三・二平方メートル、葉山が三千六百二十五・七平方メートル、須崎が五千二百三十六・九平方メートルと、いずれもとてつもなく広い（宮内庁ホームページ）。『昭和天皇実録』によると、那須御用邸には謁見所、葉山御用邸には拝謁の間、須崎御用邸には謁見室がそれぞれあり、昭和天皇が首相や閣僚らと面会していた。この点では日光田母沢御用邸や沼津御用邸同様、ただの別荘ではなかった。

ただし皇太子明仁は昭和天皇とは異なり、御用邸ばかりを利用したわけではなかった。一九四九（昭和二十四）年夏、英語を教えていたE・G・ヴァイニング（一九〇二〜九九）が滞在していた軽井沢《かるいざわ》を訪れたのが縁で、翌五〇年から毎年夏に軽井沢に滞在するようになったからだ。ヴァイニングはそのきっかけをこう説明している。

皇太子殿下が前の年に大変軽井沢が気に入られたというので、今年は八月いっぱい、私の所から六キロほど離れた丘の上にある家が、殿下のために用意されることになった。以前ある皇族が持っておられた別邸で、いまは日本人の経営する占領軍関係者のホテルになっていた。ホテルとしては小さく、その八つの部屋全部が、殿下とお付きの人々のためにあてられた。曲りくねった自動車道のつきあたりの、見晴しのよい場所にあって、警備するにも都合がよく、高さ二五四二メートルの浅間《あさま》山《やま》が空高く聳《そび》え、その下のへんに離山《はなれやま》が見渡せる、雄大な展望をおさめていた。（『皇太子の窓』、小泉一郎訳、文春学藝ライブラリー、二〇一五年）

ヴァイニングの言う「ある皇族」とは、一九四七年十月に他の十宮家とともに皇籍離脱した旧朝香宮《あさかのみや》家のことだ。皇太子が滞在したのは、もとの朝香宮別邸だった。同年八月に西武グループ創業者の堤康次郎《つつみやすじろう》（一八八九〜一九六四）が買収し、プリンス・ホテル（一九七三年に千ケ《せんが》滝《たき》プリンスホテルに改称）になっていた。

ヴァイニングは、「皇室の御別邸につきものの、あの四角ばった固苦しさは、まったく見られなかった」(同)と述べている。それでも木造二階建て五百九十平方メートルの本館と社宅など五棟からなり、警備もしかれていた。毎年夏に軽井沢に滞在することで皇太子妃となる正田《しょうだ》美智子と出会い、「テニスコートの恋」が芽生えたことは、あまりにもよく知られている。

皇太子は、一九五九年四月に結婚してからも、毎年夏にプリンス・ホテルに滞在する習慣を改めなかった。唯一の違いは、皇太子妃を同伴するようになったことだ。時を同じくして昭和天皇と香淳皇后が那須御用邸や須崎御用邸に滞在していたから、御用邸を避ける必要もあった。

六〇年二月に浩宮徳仁親王が、六五年十一月に礼宮文仁親王が、六九年四月に紀宮清子内親王が生まれると、皇太子夫妻は三人とも自分たちで育て、初めて東宮御所《とうぐうごしょ》での完全な同居を実現させた。皇室にようやく、夫婦だけではないファミリーが成立したのである。

しかしファミリーにふさわしい私的空間を、近代の皇室は備えていなかった。七八年八月十日の会見で、皇太子は「那須(御用邸)は私はあまり好きじゃないんです」と言い、主に皇太子一家が利用するために建てられた御用邸の附属邸についても、須崎を引き合いに出しながら、「陛下が一番お使いになりたいと思っている夏に、須崎を利用するというのもちょっとどうもという気がするわけなんで」と述べている(薗部英一編『新天皇家の自画像　記者会見全記録』、文春文庫、一九八九年）。

皇太子に言わせれば、御用邸や附属邸よりは「あの四角ばった固苦しさ」のない民間のホテルの方が望ましかった。皇太子夫妻はプリンス・ホテルに毎年夏、子供たちとともに一カ月前後も滞在することが多くなった。六四年以降、このホテルは一般客の利用ができなくなり、皇室専用となった。

作家の猪瀬《いのせ》直樹《なおき》は、一九八六年に刊行された『ミカドの肖像』で、千ヶ滝プリンスホテルを訪れたときのことを次のように述べている。

そのホテルは敷地の周囲に鉄条網がものものしく、正面にはそれらしき看板もない。その代わりに歩哨《ほしよう》用のポリスボックスがあった。鉄条網の周囲を細い林道が走っているが、未舗装で木陰が陽を遮っているからぬかるみになっており、車で乗り入れることは不可能だった。泥に足を掬《すく》われながら林道沿いに奥まで入ると、木陰からかすかに洋館とテニスコートが視《み》えたのだった。ここに、皇太子一家は夏のわずかの期間だけ滞在する。そして、あとは人気のない無人の館に化するのである。（『ミカドの肖像』、小学館文庫、二〇〇五年）

もちろん猪瀬が訪れたときは「無人の館」だった。たとえ御用邸に比べて「固苦しさ」がないと言っても、もともと皇族の別邸である上、周囲から隔絶され、厳重な警備がしかれた環境そのものは御用邸に似ている。一つの家族が貸し切りで滞在するには、あまりにも大きすぎるのだ。皇太子が滞在中に記者会見が開かれるなど公的な機能を備えていたという点も、御用邸と共通していた。

明仁が天皇になってからは、一九九〇（平成二）年八月に皇后や皇太子とともに滞在したのを最後に、千ヶ滝プリンスホテルを使わなくなる。二〇〇九年に私もここを訪れたことがあるが、すでに門扉だけを残してホテルは廃止されていた。周囲には有刺鉄線が張られ、うっそうと生い茂る草木が邪魔をして中を見ることはできなかった。

皇太子夫妻が子供たちと同居し、直接子供たちを育てる一九六〇年代から七〇年代にかけての時期は、戦後日本で夫婦と未婚の子供からなる核家族が確立される時期と一致していた。核家族のためのコンパクトな居住空間として、日本住宅公団（現・UR都市機構）により団地が大量に建設されてゆくのもこの時期であった。

御用邸はもちろん、毎年夏に滞在していた千ヶ滝プリンスホテルも、核家族の空間としてはふさわしくなかった。たとえ一時的な滞在であっても、天皇や皇后を除いた皇太子一家だけが過ごすのにふさわしい完全な私的空間を、皇太子明仁は求めていたのではないか。

　けれども、皇太子一家は普通の核家族ではないから、滞在するにあたっては警備の問題が出てくる。最も理想的なのは絶海の孤島だろうが、たとえ島でなくても三方が天然の要塞《ようさい》である「水」に囲まれ、付け根の部分がなるべく狭い小さな半島であれば、不審者が侵入する余地は限られ、警備は少なくて済む。そしてその半島のなかに、一家がかろうじて滞在できる程度のごく普通の家があれば、申し分ないということになろう。

　そんな条件にぴったりと合った「海の家」を、皇太子は見つけたのである。浜名湖の奥、引佐細江の五味《ごみ》半島にある、平野社団西気賀保養所であった。

　一九四〇（昭和十五）年に建てられた木造平屋の和風建築で、床面積は百三十六・三六平方メートルしかない。御用邸やプリンスホテルとは比べるべくもない狭さである。十畳、八畳、八畳、六畳、四・五畳の和室と、玄関、取次、台所、浴室、脱衣所、便所、廊下、縁側などからなっている。縁側は南に面している。

　ここはもともと、浜松の事業家で大鉄工所主となった西川熊三郎《にしかわくまさぶろう》（一八八八〜一九五九）の別荘であった。四四年に日清紡に売却され、五六年には静岡銀行の基礎をつくった平野《ひらの》又《また》十郎《じゅうろう》（一八五三〜一九二八）が明治期に設立した平野社団の所有となり、株式会社である社団の保養所として使われるようになった。

ではなぜ皇太子は、平野社団西気賀保養所の存在を知ったのか。平野隆之《たかゆき》社長によると、浜名湖付近を訪れた高松宮か三笠宮から保養所のことを聞いたのがきっかけだった。会社の保養所を皇室が借り切るのは異例であったが、宮内庁からの問い合わせに応じる形で貸したという。保養所にはまず六七年に浩宮が東宮侍従の浜尾実《はまおみのる》（一九二五〜二〇〇六）とともに泊まり（『皇后美智子さま』、小学館、一九九六年）、六八年以降は夏の数日間を一家や親族だけで過ごすようになる。この習慣は断続的に七八年まで続いた。

小田部《おたべ》雄次《ゆうじ》『皇室と静岡』（静岡新聞社、二〇一〇年）では「プリンス岬」について触れられている。もちろん参考にはなったが、西気賀保養所の具体的な間取りについては書かれていない。皇太子が妃や子供たちとともに八回も訪れたからには、よほど一家が滞在する場所としてほかにない魅力があったのだろう。それを実感するためには、いまなお会社の施設として使われている西気賀保養所を見学する必要があると思った。

『本の旅人』の編集部を通して平野隆之社長に連絡をとったところ、あっさりと許可が下りた。ふだんは空き家だが、管理人が立ち会う約束も得た。

春爛漫《らんまん》の天気となった二〇一八年四月十日、私は新横浜《しんよこはま》から東海道新幹線の「ひかり469号」に乗って浜松に向かい、浜松駅の改札口でＫＡＤＯＫＡＷＡの小林順編集長や岸山征《きしやまゆき》

いまは無人駅となっている西気賀駅

寛《ひろ》さんと合流した。かつて皇太子一家が浜松駅から車列を組んで西気賀に向かったのと同様、私たちもタクシーで向かうことにした。

市街地を抜けると三方原《みかたがはら》台地に出る。元亀《げんき》三（一五七三）年に武田《たけだ》信玄《しんげん》（一五二一～七三）と徳川家康《とくがわいえやす》（一五四三～一六一六）の両軍が戦ったところである。景色は段々とひなびてきて、道の両側に茶畑やみかん畑が広がるようになる。

いまは浜松市北区になっている旧細江町に入ると、浜名湖の奥に当たる引佐細江が見えてくる。天浜線の車窓から見たときと同様、漁村の気配が漂っている。引佐細江の周りを回るようにして国道３６２号に合流したかと思うと、左手の湖面の向こうにこれから訪れる半島がちらりと見える。

午後一時過ぎ、タクシーは西気賀駅に到着した。行き先を西気賀保養所にしなかったのは、保養所を訪れる前に、すぐ近くを走る思い出の鉄道がいまどうなっているか、見ておきたいと思ったからだ。

まず駅舎を見学する。駅本屋と待合所が登録有形文化財に指定されている。一九三八（昭和十三）年に建設されたときの赤い屋根の駅舎が保存されているのだ。無人駅だが、かつて駅員が切符を売っていたところが「グリル八雲《やぐも》」になっている。メニューを見ると本格的な西洋料理を出すようだが、訪れた時は休業中であった。

下りホームが駅舎に接している。上りホームへは、線路にかかる踏切のない歩道を渡らなければならない。上下線ともに、線路には草が生えている。

13時22分、一両編成の下り新所原ゆきディーゼルカーがホームに入り、ゆっくりと停まった。女子高校生が一人降りただけだった。車内には数人しか乗っていない。並行する国道362号は車がひっきりなしに往来しているところを見ると、地元民ですら乗らないのだろう。悲しいが、これが多くの第三セクターの現実なのだ。

西気賀駅を出て国道362号を横断すると、すぐに半島の入口がある。半島の海岸沿いに、車一台がやっと通れるほどの遊歩道が敷かれているのだ。けれども車どころか通行人も見かけなかった。

湖からの横風が強い。そのせいか、民家の垣根が異様なほど高く続いている。さざ波の立

平野社団西気賀保養所は平屋建ての瓦屋根の家だった

つ湖のはるか沖合には湖を横断する東名《とうめい》高速道路の橋が眺められ、カキの養殖に使われたと見られるイカダが浮かんでいた。

五分ほど歩くと、早くも半島の突端に出る。普通の岬であれば灯台が建っていそうなあたりに、平屋建ての瓦《かわら》屋根の家が見えてくる。平野社団西気賀保養所だ。ここは垣根が低いので、遊歩道からでも全体を見渡せる。庭がよく手入れされていてあずま屋もある。思っていた以上に、こぢんまりとした外観であった。

かつて訪れた千ヶ滝プリンスホテルとは印象が全く違う。森に囲まれたプリンスホテルとは異なり、三方が湖に囲まれているせいか、こちらの方がはるかに明るく開放的だ。会社の保養所といっても、立派な邸宅が建ち並ぶこのあたりでは、ごく普通の家にしか見えない。

当時の写真を見ると、皇太子の一行は浜松駅から直接車で半島の遊歩道に乗り入れたようだ。その車が停まり、地元の町長らが一行を出迎えた船着き場のあたりで、管理人の男性が私たちを待っていた。

私たちは男性に案内され、保養所の玄関へと入った。

下

平野社団西気賀保養所の玄関を上がると、障子の向こうに三畳の取次の間が控え、その向こうには廊下がまっすぐに奥へと延びていた。左に曲がると、和室八畳と和室十畳が一続きになった南側の部屋に出る。

八畳と十畳の間には襖《ふすま》があったが、左右に開いていたので仕切られた感じはしない。もともとあった障子が取り払われているため、直ぐ縁側に接し、三面がガラス張りの窓に囲まれていて明るく見える。八畳、十畳どちらからも、居ながらにして庭とその向こうに広がる浜名湖を一望できる。穏やかな日差しを浴びていると、まるでどこかの海に浮かぶ島にいるかのような錯覚にとらわれる。

八畳には床の間があるだけだが、十畳には床の間と床脇があり、床脇には天袋や違い棚もある。床脇の横には付け書院も設けられている。格式の高さからして、玄関から入って奥に当たるこの十畳の部屋が皇太子夫妻の寝室になったことは容易に想像できた。

先ほどの取次を右に曲がると、やはり一続きになった和室八畳と和室六畳と和室四・五畳の部屋がある。しかしここは北側に当たり、陽光が入ってこない。もちろん庭や湖を眺めることもできない。ふだんも全く使われていないようで、物置のようになっていた。

子供たちはどの部屋で寝たのだろうか。幼いときにはまだしも、成長するにつれて各自別々の部屋があてがわれるようになったのではないか。同行した東宮侍従の浜尾実によれば、東宮御所ではベッドで寝ているせいか、日本間で畳の上に布団を敷いて寝ること自体が珍しかったようだ（浜尾実『皇后美智子さま』、小学館、一九九六年）。

最初に両親とここで過ごした六八年八月にはまだ八歳と二歳で、皇太子を「おもうさま」、皇太子妃を「おたたさま」と呼んでいた浩宮と礼宮も、最後にここで過ごした七八年八月には十八歳と十二歳になっていた。しかも六八年の時点ではまだ生まれていなかった九歳の紀宮までいた。少なくとも誰かは北側の部屋で寝たのではないか。東宮御所での日常生活を思えば、かなり手狭に感じられたはずだ。

娯楽らしきものといえば、碁盤が一つあるだけだった。テレビやラジオもない。プリンスホテルと違って会見はないし、同行する東宮侍従長や東宮侍従や東宮女官らも、保養所に近い別の建物に宿泊する。だがこの環境で数日間を家族水入らずで過ごすことで、絆《きずな》はかえって深まるように見えた。

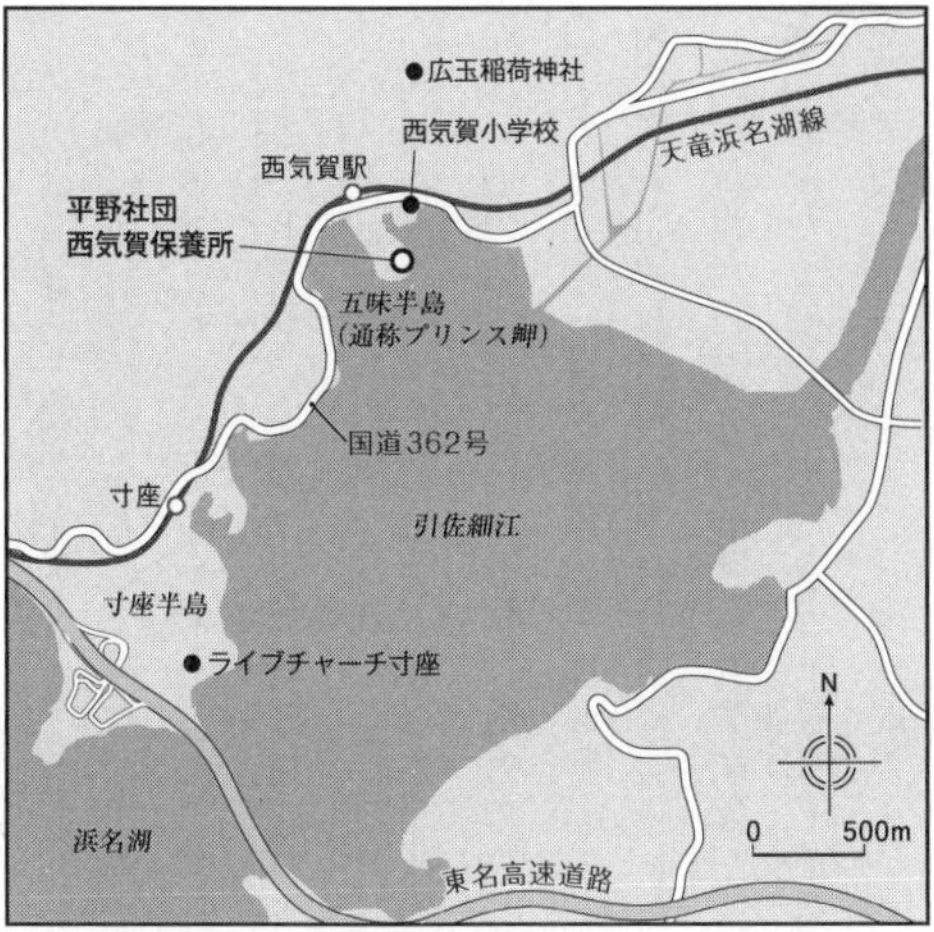

西気賀、寸座のある浜名湖北東部

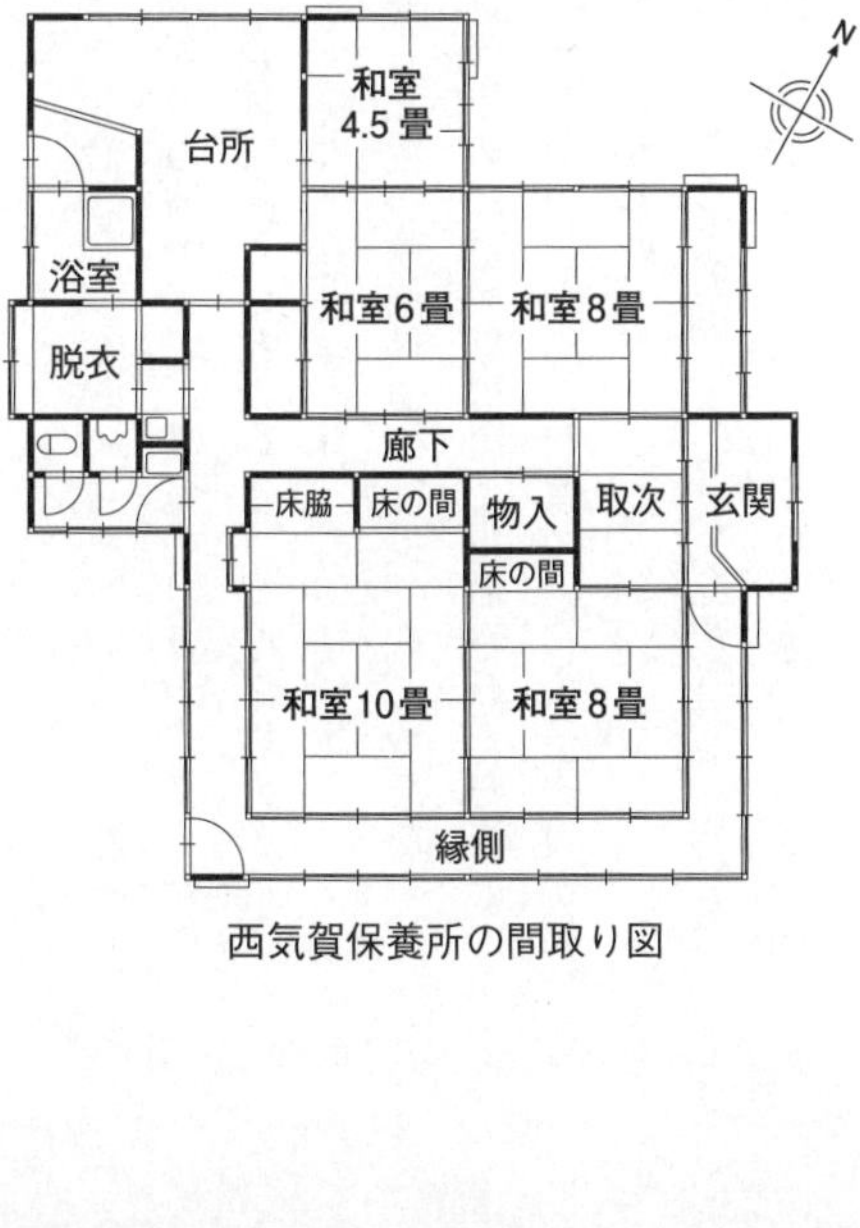

西気賀保養所の間取り図

管理人の男性が、アルバムを見せてくださった。皇太子一家のカラー写真だ。さまざまなアングルで至近距離から撮られている。夜、花火を見に行くためか、すっかり暗くなった湖でボートを漕《こ》ぎ出す写真もある。

一般には目にすることのできない皇太子妃のラフな恰好《かっこう》も多く収められている。女官らしき女性らとともに、庭のあずま屋で七夕飾りを手伝う写真もある。非常にリラックスした妃の表情が印象的だ。夕方には浴衣《ゆかた》を着て散歩し、正体を気づかれないようにして地元の住民に挨拶《あいさつ》することもあったという(小田部雄次『皇室と静岡』、静岡新聞社、二〇一〇年)。

平野社団の平野隆之社長によると、先代に当たる父親が遠州鉄道の社長でもあったため、遠州鉄道の広報の職員が撮影したものらしい。地元紙の『静岡新聞』に掲載された写真と照合したところ、浩宮や礼宮の服装から、一九六八年八月五日から八日まで、皇太子夫妻が初めて二人を連れて滞在したときに撮られた写真だとわかった。

同年八月六日付の『静岡新聞』には、「皇太子ご一家　浜名湖へバカンス旅行」と銘打ち、車から降りて保養所に向かう一家や、船着き場から和船で海水浴に向かう一家の写真が一面を使って掲載された。

午後からの水泳は初め予定していた佐久米《さくめ》海岸があいにく波が高かったため宿舎近くの

西気賀保養所の内観。テレビもラジオもなかった

西気賀海岸に変更。ご一家は宿舎から約五十メートル離れた同海岸まで和船に乗られたが、途中皇太子さまは海に慣れられた腕前で見事なろさばきをご披露。海岸では皇太子さま、浩宮さまが海にはいられたが、浩宮さまは海で泳がれるのはこれが初めて。「少ししおからいね」などと予定の二十分を十分も延長して泳がれ、いかにもうれしそう。船中では美智子さまと礼宮さまが「おにいちゃましっかり」と盛んに声援を送られるなど、ご一家は本当に楽しげなご様子だった。（同）

この記事を見る限り、当時のどこかの核家族と一見変わらない海水浴の風景が伝わってくる。しかし皇太子一家にとっては、「海の家」でご

く普通の海水浴を楽しむこと自体、画期的なことであった。

八月九日に甲子園《こうしえん》球場で開催される高校野球の開会式に出席するため、皇太子夫妻は八日に保養所をあとにしたが、十日には保養所に残っていた浩宮と礼宮が浜松で合流し、一緒に帰京した。翌十一日からは軽井沢のプリンス・ホテルに一家そろって移り、三十一日まで滞在している。つまり皇太子一家は、八月のほぼまるまる一カ月間、東京にいなかった。小学三年生だった浩宮の夏休み期間に合わせての長期滞在だったことがわかる。

浩宮の水泳は、これ以降も毎年夏に浜名湖で泳ぐことで上達した。七二年八月十日の会見で皇太子は、「浜名湖はいかがでしたか」との問いに対して「面白かった」と答え、浩宮の水泳について「だいぶうまくなったようで、4キロを泳いだらしい」と述べている。また七八年八月十日の会見では「泳ぎというものだけを考えれば、そりゃ浜松がいいです」と述べたように、自らも浜名湖での水泳を妃とともに楽しんでいることを明かした（薗部英一編『新天皇家の自画像　記者会見全記録』、文春文庫、一九八九年）。

学習院時代の皇太子の学友、藤島泰輔《ふじしまたいすけ》（一九三三～九七）は、「私はせめて日本の皇室だけは、マイ・ホーム天皇制の形を国民の前にお出しにならないでいただきたいと感じているものであります」「最近、新聞雑誌等で拝見する皇太子、美智子両殿下のさまざまな御写真はすべて余りにも生々《なまなま》し過ぎます。（中略）生《なま》だというのは、生活の匂いが感じられるということであります。正直なところ、私はこういう天皇制を好もしいとは考えません。元首の一家が民間のレベルまで降りてくるという考え方は、共和国の考え方であります」などとして、皇太子の振る舞いを批判した（『天皇　青年　死　三島由紀夫をめぐって』、日本教文社、一九七三年）。皇太子一家がどこかの核家族と変わらなくなれば、天皇制が存在する意味がなくなってしまうとして危惧《きぐ》を表明したのである。

前述の『静岡新聞』の記事が出たのと同じ六八年八月六日の『朝日新聞』には、「皇太子ご一家　浜名湖で海水浴」という見出しのついた記事が掲載されたのと同じ紙面に、次のような記事が出ていた。

五日午後三時すぎ、反代々木《よよぎ》系全学連中核派の学生約三十人が国鉄新宿《しんじゅく》駅西口地下広場でカンパをしていたところ、警視庁から指名手配されていた慶大三年岸宏一（二三）が同庁公安一課員に逮捕された。／このため、学生約百人が淀橋《よどばし》署新宿駅西口派出所に「逮捕理由はなにか」と押しかけ、付近のフーテン、通行人も加わって、約千人が同派出所のまわりを取囲んだ。

学園の民主化などを要求している東京・神田《かんだ》の日本大学の全学共闘会議は五日、大学側に対し、二十五日に大衆団交を開くことを求める要求書を送った。

東京は騒然としていた。新左翼や全共闘の大学生が、新宿駅や都心の大学で警察や執行部と対決していた。しかし同じ東京でも、目を郊外に転じれば、小学生や幼児を子供にもつ夫婦がプライバシーの保障された団地の2DKをマイホームとする生活を営んでいた。大学生を主体とする「政治の季節」と三十代の夫婦を主体とする「私生活主義」が、一見同時に進行していたのだ。皇太子夫妻は、このうちの後者の側面を代表していたのである。

大学闘争が終息してからも、「政治の季節」の余韻は残っていた。例えば七三年七月二十三日付の『静岡新聞』夕刊は、「皇太子ご一家が浜名湖へ」と題する記事よりも、日本赤軍とパレスチナ解放人民戦線が日航《にっこう》機をハイジャックし、アラブ首長国連邦のドバイ国際空港に着陸させた事件の方を大きく報道している。

当時の新左翼は、皇室をも標的としていた。皇居の坂下《さかした》門は、七一年九月と七五年七月の二回にわたり、皇居に侵入しようとした彼らによって突破された。七四年八月には、昭和天皇と香淳皇后が乗ったお召列車が通る時刻に合わせて東北本線の荒川橋梁《あらかわきょうりょう》を爆破する「虹《にじ》作戦」が計画されたが、未遂に終わっている。七五年七月には、皇太子夫妻が慰霊のために訪れた沖縄県糸満《いとまん》市のひめゆりの塔で火炎瓶などを投げ付けられる「ひめゆりの塔事件」も起こっている。また新左翼の犯行ではなかったものの、七一年一月には葉山御用邸の本邸が放火により全焼している。

つまりどこにいても、皇太子一家は安泰ではあり得なかった。「私生活主義」は、「元首の一家が民間のレベルまで降りてくる」ことを恐れる元学友からの批判にさらされたばかりか、「政治の季節」がもたらす赤裸々な暴力によっても脅かされる可能性があった。そうした中で、西気賀保養所は核家族としての皇太子一家のごく普通の夏休みを確保するための、最後の砦《とりで》となっていった。

西気賀保養所の背後は、小高い丘になっている。すぐに歩いて登れるその丘の上には、平野社団が所有するもう一つの建物があった。こちらは二階建ての洋風建築で、部屋は主に二階にあり、侍従長や侍従、女官、警備の関係者らが泊まった。一階には調理場があり、皇太子一家の食事はここで調理されて運ばれたという。

建物の前には、湖で泳げない場合に備えてかプールが設けられていた。プールの前には、子供たちが走り回るにはもってこいの芝生が一面に敷き詰められている。温暖な気候を反映するかのように、フェニックスが三本生えている。ちょっと登っただけで、南国情緒が濃厚に漂っている。段差がある分、湖の見晴らしもより立体的になる。

湖の反対側を見ると、半島のすぐ脇、湖に接するあたりに旧細江町立（現・浜松市立）西気賀小学校が見えた。創立は一八七四（明治七）年と古く校舎も立派だが、過疎化に伴い児童数は三十数人にまで減った。

この小学校のグラウンドで、浩宮は地元の児童たちとソフトボールを楽しんでいる。


浩宮さまは十三日午後四時から細江町立西気賀小グラウンドで、地元西気賀小児童たちとソフトボールの試合をされた。

これは浩宮さまと子供たちが昨年に次いで楽しみにしていたもので、十一日練習をなされた時「ぜひ今年も試合を」の約束が実現した。

この日の浩宮さまは紺の野球帽、西気賀小学生から借りた白のユニホーム姿、赤組チームの三番打者で守備はサード。軽い練習のあとプレーボール。一回裏守備につかれた浩宮さまのところへ第一球目が飛んだ。あがっていたこともあってトンネル。だが二度目は三遊間のむずかしいゴロを見事にさばき拍手かっさい。そのあとも堅実な守備ぶり。また打っては五打数三安打。（『静岡新聞』一九七一年八月十四日）

このとき、浩宮は小学六年生だった。御用邸やプリンス・ホテルでは決してあり得ない体験を、二年続けてしていたことになる。ここには、普通の子供たちと変わらない体験をさせてあげたいという皇太子夫妻のこだわりもあったろう。すべては子供たちを中心に滞在中のスケジュールが組まれていたと言っても過言ではあるまい。

自然との触れ合いもまた重視されていた。その一つとしてホタル狩りがあった。皇太子妃美智子が皇后になってから詠んだ、「蛍」と題する和歌がある。

われら若く子らの幼く浜名湖の水辺に蛍追ひし思ほゆ

(『瀬音　皇后陛下御歌集』、大東出版社、一九九七年)

一九九〇(平成二)年の歌である。昭和から平成に時代が移り、自らは皇后になって一家がともに夏を過ごすことがなくなっても、二十年ほど前の夏に過ごした西気賀での思い出が消えることはなかったのだ。

西気賀保養所の見学を終えた私たちは、再び西気賀駅に戻り、タクシーを呼んだ。姫《ひめ》街道と呼ばれる街道が残っている。江戸時代に東海道に付属する街道として、大名や門跡らが往来した道である。この街道を越えて急な山道に入る。山の斜面には、みかん畑が広がっている。道が平らになると、眼下に「プリンス岬」が一望できた。
シャモジのような形をした小さな半島が、湖に向かって突き出ている。半島の中央部はいくぶん盛り上がっている。西気賀保養所があるあたりだ。用事がある人以外、ここまでは誰も入って来ない。地形がほかの場所にはないプライベートな家族の空間を成り立たせたのがよくわかる。

皇太子一家は、一九七八年を最後に西気賀保養所を訪れなくなる。皇室研究家の高橋紘《たかはしひろし》の回想によると、別荘が個人企業の所有だったので問題になったからだという（前掲『皇室と静岡』）。だがこの説は納得しがたい。千ヶ滝プリンスホテルもまた企業が所有していたからだ。

それよりはむしろ、子供たちが成長したために保養所が手狭になったことの方が理由としては大きかったのではないか。八三年八月に皇太子夫妻と礼宮、紀宮が五年ぶりに細江町を訪れたときには、西気賀の隣駅の寸座《すんざ》に近い、一般のホテルに当たる施設に泊まっている。

その施設は、寸座ビラといった。一九七一年に遠州鉄道が開業させたホテル寸座ビラージおよび遠鉄マリーナを、八一年にヤマハ発動機、さらに八八年にヤマハが購入し、リゾート施設にした。ところがこれも二〇〇三年に閉鎖され、いったん学校法人ミズモト学園が買収

小高い丘の上から撮った「プリンス岬」

したのち、一一年に宗教法人ハレルヤコミュニティーチャーチが買収し、ライブチャーチ寸座という名のキリスト教会となって今日に至っている。

遠くからでも見える巨大な十字架が目印のライブチャーチ寸座に行ってみることにした。

タクシーは、国道362号を湖に沿うようにして西へと向かったかと思うと、左折して細い道へと入った。寸座半島と呼ばれる半島に通じる道であった。プリンス岬のある五味半島よりもずっと大きい。目印の十字架が見る見るうちに迫ってきて、目的地に着く。寸座ビラの施設を転用しているせいか、あまり教会という感じはしない。フェニックスがいくつも生えていて、まるで南国のリゾートのようだ。

施設の入口でどうしようか迷っていると、信者らしき女性が「どうしましたか」と近づいてきた。私は来訪の目的を素直に告げ、皇太子一家が泊まった部屋がいまもあるなら見せてほしいとお願いした。てっきり断られるかと思ったが、南国風のスタイルの支配人らしき男性は、笑みを浮かべながらあっさりと承諾してくれた。

まずは礼拝堂を見学する。ホテルの時代にはフロントやロビーがあったところだ。千人が収容でき、ライブチャーチという名の通り、ライブステージもある。毎週、礼拝や集会がもたれているという。ただ私たちが訪れたときには、誰もいなかった。

次に百二十人が宿泊できる棟に案内される。原則として信者以外は泊まることができないが、ホテル時代の施設をそのまま使っている。皇太子一家が泊まったのは最も見晴らしのよい三階で、夫妻は３０１という部屋に泊まったらしい。鍵《かぎ》を開けてもらって中に入ると、期待に反してごく普通のツインルームであった。

バルコニーに出てみる。すぐ目の前が湖で、西気賀保養所で見たときよりも対岸が迫っている。その対岸との間にかかる東名高速道路の橋が大きく眺められる。橋の向こう岸には観覧車も見える。浜名湖パルパルという遊園地の大観覧車「コクー」のようだ。

礼宮や紀宮はそれぞれ別の部屋で泊まったらしい。当時、礼宮は高校三年生で十七歳、紀宮は中学二年生で十四歳になっていた。皇太子一家は、寸座ビラに一泊しかしなかった。もはや水泳もしなければ、地元の子供たちと交流することもなかった。

学習院大学の大学院生だった浩宮は、留学のため英国に滞在していていなかった。西気賀保養所で見られたような家族としての一体感は、失われつつあった。

寸座ビラで泊まった翌日、皇太子一家は気賀の町を見下ろす小高い山の頂上にある細江公園を視察している。前年に建立された皇太子の歌碑を見るためであった。


車窓よりはるけく望む奥浜名湖東名の橋清かに浮かぶ

「橋」をお題とする八二年の歌会始で詠まれた歌である。寸座ビラを訪れるより以前に詠まれたことからもわかるように、西気賀保養所を訪れる途上の自動車内から見える風景を回想したものだ。

しかし皇太子一家が細江町を訪れるのは、これが最後になった。一家が夏休みを過ごすのは、再び主に軽井沢の千ヶ滝プリンスホテルになったが、八七年以降は皇太子夫妻だけで過ごすことが多くなる。

一九八九年一月、昭和天皇の死去とともに元号も平成に変わり、皇太子明仁は天皇に、皇太子妃美智子は皇后に、浩宮徳仁は皇太子になった。九〇年六月には結婚を機に礼宮文仁が秋篠宮を名乗るようになった。天皇と皇后は、同年八月に滞在したのを最後に、千ヶ滝プリンスホテルを訪れることもなくなった。これ以降、一家が顔を合わせる別邸はもっぱら御用邸になってゆく。

昭和から平成にかけての時期は、一方で東西冷戦の終焉《しゅうえん》とソ連の崩壊に象徴されるように、社会主義の理想がにわかに色あせるとともに、他方で核家族のために建設された団地から子供たちが離れてゆき、高齢化した親だけが取り残される時期にも当たっていた。

こうした時代の変化は、皇太子明仁の一家にとっても無縁ではなかった。皇太子夫妻は時代の歩調に合わせるようにして、核家族にふさわしい空間を「岬」に確立させた。しかしそれは、長い戦後という時間のなかでは、つかの間の出来事にすぎなかったのだ。

二〇〇三（平成十五）年十一月、皇太子徳仁は第三回全国障害者スポーツ大会の開会式に参列するため静岡県を訪問したのに合わせて、二十五年ぶりに平野社団西気賀保養所に立ち寄った。しかし同伴者に皇太子妃雅子《まさこ》の姿はあっても、二〇〇一年十二月に生まれた一人娘、敬宮愛子《としのみやあいこ》内親王の姿はなかった。

皇太子は挨拶もそこそこに、皇太子妃を置き去りにして勝手に邸内に入ってしまった。小田部雄次は、「一人邸内に引き込まれていった徳仁は、のびのびと自由に過ごした少年時代の自分と再会していたのかもしれない」と推測する（前掲『皇室と静岡』）。けれども、皇太子になってから西気賀保養所を訪れたのは、これが唯一であった。父のように、子供たちと一緒にここで夏の日々を過ごすことはなかった。

では、皇太子はどこで一人娘に自分と同じような体験をさせようとしたのだろうか。二〇一〇年以降、皇太子夫妻は敬宮愛子を連れ、東日本大震災があった一一年を除いて、天皇、皇后となった一九年までの毎年八月に静岡県下田《しもだ》市の須崎御用邸に滞在するようになる。小学生時代の敬宮は、ここで毎年水泳の訓練を積んだが、一九年には高校三年生となり、十七歳になっていた。

皇太子もまた小学生時代、同じ静岡県の西気賀保養所で水泳の訓練を積んだ点では一見似ている。しかしそれ以上に、皇太子徳仁と敬宮愛子の間には体験において決定的というべき違いがあった。

一九七一（昭和四十六）年に沼津御用邸の代替施設として建てられた須崎御用邸は、建物の延べ面積が五千二百三十六・九平方メートルと、西気賀保養所の約三十八・四倍もある。この御用邸は、主に古稀《こき》に達した昭和天皇と香淳皇后のための空間であった。昭和天皇はここで生物学研究にいそしむ一方、謁見室で首相や閣僚と面会し、時には記者会見も開いた。前述のように、核家族のためのプライベートな空間ではなかった。

おそらく、自らの体験との違いを身にしみて感じていたのは、当の皇太子自身だったに違いない。子供は三人から一人に減り、皇太子にとっては祖父に当たる人物が祖母とともに七十代から八十代にかけてしばしば滞在した別邸で、皇太子一家は夏の数日間を過ごすようになる。

このこと自体、少子高齢化の時代を象徴しているとはいえまいか。「岬」に皇太子のファミリーが集う時代は、核家族の形態が変化するとともに終わったのである。

第二景「峠」と革命

上

東京都あきる野市（旧西多摩郡五日市町《にしたまぐんいつかいちまち》）の武蔵《むさし》五日市駅はJR五日市線の終点、東京都西多摩郡奥多摩町の奥多摩駅はJR青梅《おうめ》線の終点である。

青梅線はJR中央本線の立川《たちかわ》駅から分岐し、五日市線はJR青梅線の拝島《はいじま》駅から分岐する。中央本線を幹線とすれば青梅線はその支線であり、五日市線はさらにその支線ということになる。運転本数も青梅線は中央本線の東京—高尾《たかお》間より少なく、五日市線は青梅線よりもっと少ない。

そこにはおのずから序列がある。

だがその序列は、戦後になって確定したにすぎない。

中央本線の前身、甲武鉄道の新宿《しんじゅく》—八王子《はちおうじ》間が開業したのが一八八九（明治二十二）年。青梅線の前身、青梅鉄道（一九二九年から青梅電気鉄道）の立川—青梅間が開業したのが一八九四年。五日市線の前身、五日市鉄道の拝島—五日市（現・武蔵五日市）間が開通したのが

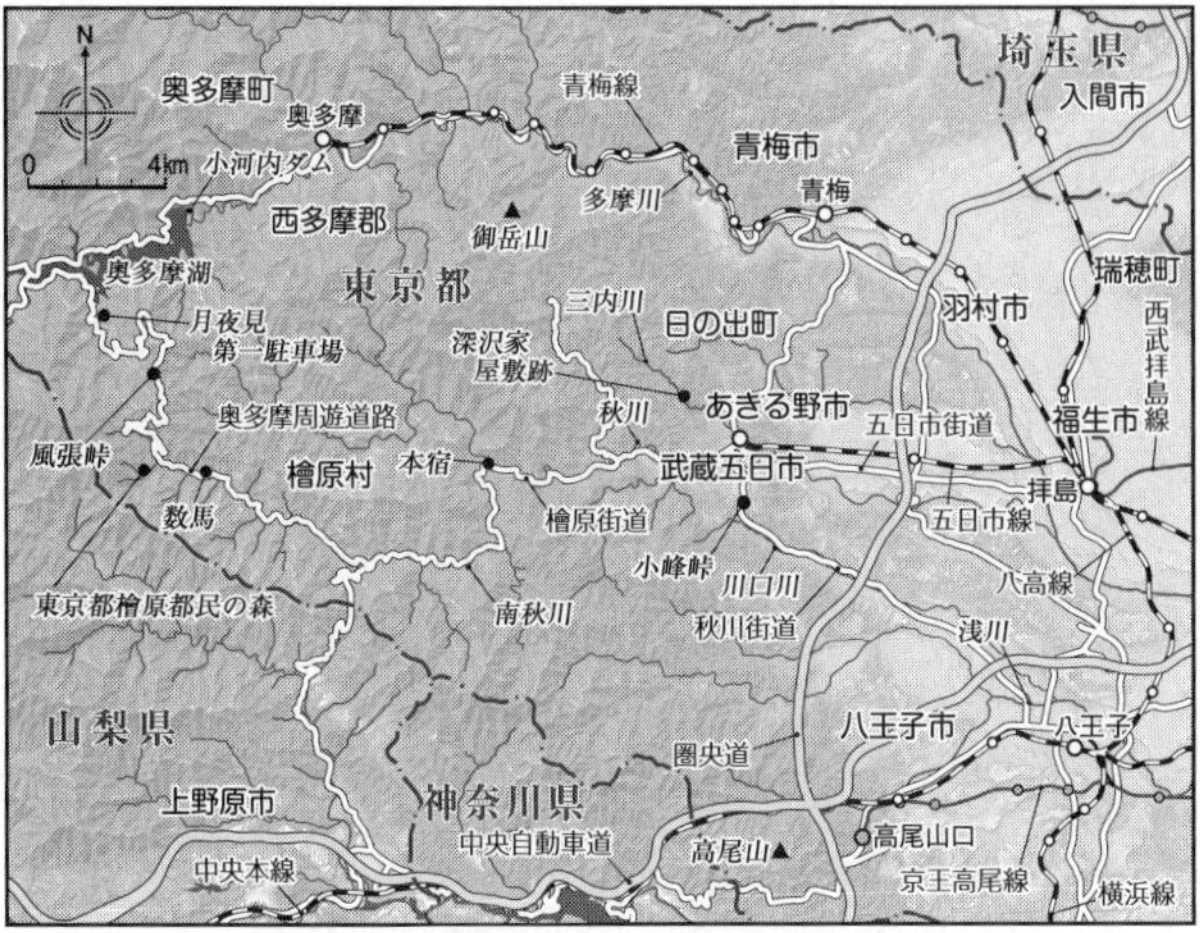

奥多摩広域図。山々が連なっている

一九二五（大正十四）年。五日市鉄道は三〇（昭和五）年に拝島から立川まで延伸するものの、青梅電気鉄道と並行するこの区間は、太平洋《たいへいよう》戦争中に不要不急線として撤去されたまま復旧しなかった。青梅線の中央本線に対する、そして五日市線の青梅線に対する従属的関係は、これ以降に確立された。

江戸《えど》時代には、五街道の一つとして整備される甲州《こうしゅう》街道に並行して、「甲州裏街道」と呼ばれた青梅街道や五日市街道があり、人々が往来していた。これらの街道は、国道や都道としていまも残っている。それだけではない。八王子と五日市を結ぶ「八王子道」や、五日市と青梅を結ぶ「青梅道」もあった。いまでは秋川《あきがわ》街道と呼ばれる東京都道31号と32号が、八王子―五日市―青梅間を結んでいる。街道は鉄道とは異なり、決して立川や東京に収斂《しゅうれん》しないのだ。

それから、西多摩地域を語る上で忘れてはならないのが多摩川《たまがわ》の存在である。青梅や奥多摩町の小河内《おごうち》は多摩川の本流沿いにあるのに対して、五日市は多摩川の支流に当たる秋川《あきがわ》沿いにあり、八王子もまた多摩川の支流に当たる浅川《あさかわ》沿いにある。川という観点から見れば、小河内も五日市も八王子も、東京湾に注ぐ同じ川の流域に位置している。

けれども、浅川水系と秋川水系の間には丘陵地帯があり、八王子から五日市に行くには峠を越える必要がある。また秋川水系と多摩川水系の間には西へ行くほど御岳山《みたけさん》をはじめとする山々が連なっており、五日市から小河内に行くには険しい峠を越えなくてはならない。多摩川水系を水源近くまでさかのぼると東京都を越えて山梨県に入るが、そこにはさらに険しい峠が立ちはだかっている。

いずれも鉄道は通じていない。

山梨県の多摩川水系まで含めた西多摩地域の思想史を振り返るために、明治以降の鉄道をいったんカッコに括《くく》ってみたい。そうすると立川でなく、甲州街道の宿場町として栄えた八王子を中心とする明治以前の交通網が見えてくる。五日市は峠で隔てられているとはいえ青梅や小河内より八王子に近く、八王子は「絹の道」と呼ばれた浜《はま》街道を通して横浜《よこはま》と繋がっていた。これが五日市にとって、幕末の開国以降、西洋の思想を吸収する上で有利な条件となった。まだ中央本線も五日市線も開通していなかった明治初期に、なぜ「五日市憲法」と呼ばれる私擬《しぎ》憲法が五日市で起草されたのか。その背景として、五日市特有の地理的条件を考えないわけにはいかない。

昭和初期になると、多摩川上流の小河内村（現・奥多摩町）に東京市民の水がめとなる貯水池を建設する計画が持ち上がり、一九三八（昭和十三）年十一月から建設が始まった。太平洋戦争の勃発《ぼっぱつ》に伴い工事は中断したものの、四八年九月に再開され、五七年十一月に完成している。

小河内貯水池の建設に反対したのが、戦後に合法政党となった日本共産党《にほんきょうさん》である。共産党は五一年二月に開かれた第四回全国協議会（四全協）で反米武装闘争の方針を決定し、毛沢東《もうたくとう》の中国共産党が農村を拠点としていたことにならい、山村工作隊と呼ばれる党員の組織を小河内村に送り込んだ。彼らは四四年に氷川《ひかわ》（現・奥多摩）まで延伸された青梅線に乗り、続々と小河内村に入った。

青梅線の起点である立川は、陸軍の巨大な飛行場が開設されることで軍都となった。戦後は米軍が隣接する横田《よこた》とともに飛行場を接収したため、基地の町へと変貌《へんぼう》した。小河内ダムは立川や横田の米軍基地に電力を提供する「軍事ダム」だとする工作隊の見方は、立川と氷川を結ぶ青梅線によって増幅されたのである。

しかし氷川から先は青梅街道しかない。小河内村に行くには、多摩川の本流にひたすら沿うこの街道を通るしかなかった。小河内村の集落の大部分は、奥多摩湖と呼ばれる小河内貯水池の完成とともに湖底に沈んだ。五五年に開かれた第六回全国協議会（六全協）で、共産党はそれまでの路線を極左冒険主義として否定したため、山村工作隊の歴史は小河内村の集落もろとも湖底に沈んでしまった。

五日市線同様、旧西多摩郡五日市町を終点とする五日市街道とは異なり、青梅街道は東京都と山梨県にまたがっている。最大の難所は、多摩川水系と笛吹川《ふえふきがわ》（富士川《ふじかわ》）水系の分水嶺《ぶんすいれい》に当たる柳沢峠《やなぎさわ》である。

中里介山《なかざとかいざん》（一八八五～一九四四）の長編小説『大菩薩峠《だいぼさつとうげ》』1（ちくま文庫、一九九五年）冒頭に「大菩薩峠は江戸を西に距《へだた》る三十里、甲州裏街道が甲斐《かい》国東山梨郡萩原《はぎわら》村に入って、その最も高く最も険しきところ、上下八里に跨《また》がる難所がそれです」とあるように、青梅街道は明治初期までは柳沢峠よりも南東側の大菩薩峠を経由していた。いまでは青梅街道から分岐する林道が、途中上日川峠《かみひかわ》を経て、大菩薩峠に近い山小舎「福ちゃん荘」まで通じている。

一九六九（昭和四十四）年十一月三日、「福ちゃん荘」に共産党から分かれた新左翼のセクトの一つ、共産主義者同盟赤軍派（略称・赤軍派）五十三人が集まった。彼らは七日に首相官邸に突入するべく、爆発物を使った軍事訓練を行っていた。ところが五日の早朝に山梨県警などの機動隊が「福ちゃん荘」を急襲し、全員が逮捕された。

いわゆる大菩薩峠事件である。

五日市、小河内、そして大菩薩峠。東京の西へ行けば行くほど山々は険しくなり、多摩川水系やその支流の水系の谷は深まり、鉄道は通じなくなって街道や林道だけになり、街道や林道は急峻《きゅうしゅん》な峠を越えるためにつづら折りになる。それに比例するかのように、思想の磁場も明治から戦後にかけて西へ西へと移ってゆき、急進化していった。

村上春樹《むらかみはるき》の長編小説『1Q84　BOOK1〈4月─6月〉前編』（新潮文庫、二〇一二年）や『1Q84　BOOK1〈4月─6月〉後編』（同）には、青梅線の青梅から四駅分奥多摩寄りにある二俣尾《ふたまたお》や山梨県が重要な舞台として出てくる。東京都の奥多摩から山梨県にかけての地域が、六〇年代から七〇年代にかけての新左翼の活動に由来する拠点として描かれているのだ。山梨県の農村につくられたコミューン「さきがけ」から分かれた「あけぼの」という武装闘争集団は、かつての山村工作隊や赤軍派を彷彿《ほうふつ》とさせる。山梨県内に活動の拠点を置いたオウム真理教（「第四景『麓』と宗教」を参照）を含め、奥多摩や山梨県で起こった出来事が、村上の文学的想像力を支えているのである。

今回は、鉄道をいっさい使わないことにした。いくつかの峠を越え、多摩川の本流や支流に沿うようにして敷かれた街道や林道を行きつ戻りつしながら、五日市から「福ちゃん荘」までの道程を、『本の旅人』の小林順編集長が運転する車でたどることにしたからだ。明治の自由民権運動から戦後の新左翼運動までの百年近い思想史を地形から探ろうというのが、今回の旅の目的である。

そこには、昭和天皇、上皇明仁《あきひと》、そして天皇徳仁《なるひと》という三代の天皇や、彼らの后《きさき》たちが大きな影を落としている。峠を越えて道を進むにつれ、このこともまた明らかになるだろう。

二〇一八年五月二十五日金曜日。空は晴れわたり、朝から二十度を超えている。東京は夏日になりそうだ。

小林編集長が運転する車は、秋川街道を快調に西へと向かっている。八王子市の川口町《かわぐちまち》から上川町《かみかわまち》にかけて、多摩川の支流の浅川水系に属する川口川がずっと寄り添っている。やがて右手の丘陵地が迫ってきたかと思うと、細い道がゆるやかなカーブを描きながら分岐してゆく。

——これが旧道じゃないですかね。

私は思わず声を上げた。

この先に八王子市とあきる野市を分ける小峰《こみね》峠があるはずだ。二〇〇二(平成十四)年に全長六百五十六メートルの新小峰トンネルが峠の下に開通するまでは、カーブが続く旧道を通って峠を越えていた。

旧道の入口には柵《さく》があり、車の通行ができないようになっている。車を停めてもらい、しばらく歩いてみた。ここを八王子駅と武蔵五日市駅を結ぶ西東京バスが頻繁に通っていたのが信じられないほど道幅が狭い。峠に向かって上ってゆく道の両側に木々が生い茂り、ただでさえ狭い道をますます狭く見せている。

だが峠の標高は二百九十四メートルと、それほど高くはない。八王子―五日市間の交通を妨げるほどの壁にはなっていないということだ。歴史学者の色川大吉《いろかわだいきち》によると、評論家の北《きた》村透谷《むらとうこく》（一八六八～九四）は現在の川口町に数カ月間滞在したことがあり、その間に小峰峠をたびたび越え、五日市にやってきたという（色川大吉編著『五日市憲法草案とその起草者たち』、日本経済評論社、二〇一五年）。

あっという間に新小峰トンネルを抜けると、そこはもう五日市の市街地だ。秋川が流れている。浅川と並ぶ多摩川の大きな支流である。さすがに川幅は広く、水が透き通っている。小学校時代の遠足で秋川に行ったとき、河原で飯盒炊爨《はんごうすいさん》をしたことをにわかに思い出した。

五日市の町は、秋川に沿うようにして東西に広がっている。まず、町の中心部にある「あきる野市五日市郷土館」を訪れた。入場無料。五日市に設立された勧能《かんのう》学校の教員、千葉卓《ちばたく》三郎《さぶろう》（一八五二〜八三）が一八八一（明治十四）年に起草したとされる「日本帝国憲法」、いわゆる五日市憲法の草案が、二階の特別展示室で公開されている。

明治初期の五日市は、多摩における自由民権運動の中心地の一つであった。五日市では、毎月の市が立つ「五の日」に合わせて学芸講談会が開かれたり、政治や法律の問題を討議しあう学術討論会が開かれたりした（新井勝紘『五日市憲法』、岩波新書、二〇一八年）。

その背景には、八王子を介して、外国交易の玄関口となった横浜と街道でつながる五日市の地理的条件があった。一八八四（明治十七）年に上京して五日市で法律を勉強し、後に小田原急行鉄道（現・小田急電鉄）を創業する利光鶴松《としみつつるまつ》（一八六四〜一九四五）によると、当時の五日市には西洋の法律関係書がほぼそろっていた。

なぜか。利光は深沢権八《ふかざわごんぱち》（一八六一〜九〇）の名を挙げる。

深澤権八氏は五日市地方の豪農にて、頗《すこぶ》る篤学の人なり、凡《およ》そ東京にて出版する新刊の書籍は、悉《ことごと》く之《これ》を購求して書庫に蔵し居たり。（『利光鶴松翁手記』、小田急電鉄、一九五七年）

しかも深沢権八は、蔵書を開放して人々に自由に読ませていた。利光はこの蔵書を十分に活用して法律を勉強し、やがて弁護士となる。五日市憲法は決して千葉卓三郎だけが関わったわけではなく、深沢の協力が不可欠だったのである。北村透谷が五日市に足を運んだのも、深沢家の蔵書が目当てだったのではないか。

現上皇明仁と現上皇后美智子《みちこ》は、天皇、皇后として二〇一二（平成二十四）年一月二十三日に五日市郷土館を訪れ、五日市憲法の草案を見学している。そして皇后は、一三年十月の誕生日に際して、この草案につき次のように述べている。

明治憲法の公布（明治22年）に先立ち、地域の小学校の教員、地主や農民が、寄り合い、討議を重ねて書き上げた民間の憲法草案で、基本的人権の尊重や教育の自由の保障及び教育を受ける義務、法の下の平等、更に言論の自由、信教の自由など、２０４条が書かれており、地方自治権等についても記されています。当時これに類する民間の憲法草案が、日本各地の少なくとも40数か所で作られていたと聞きましたが、近代日本の黎明《れいめい》期に生きた人々の、政治参加への強い意欲や、自国の未来にかけた熱い願いに触れ、深い感銘を覚えたことでした。（宮内庁ホームページ）

こう述べたうえで、皇后は五日市憲法を、「世界でも珍しい文化遺産」と位置付ける。「基本的人権の尊重や教育の自由の保障及び教育を受ける義務、法の下の平等、更に言論の自由、信教の自由」は、ほぼそっくり一九四六年に公布される日本国憲法に受け継がれている。

皇后の言葉を敷衍《ふえん》すれば、次のようになろう。日本国憲法というのは、決して米国からの押し付け憲法ではない。その原形に当たるものが、すでに明治初期の段階で日本人自身によってつくられていたからだ――改憲を目指す自民《じみん》党の安倍《あべ》政権に対する批判として、彼女の言葉が護憲派の人々から歓迎されたゆえんである。

だが、「第一篇《ぺん》　国帝」に記された天皇に関する規定を見ると、総じて保守的な条文が並んでいる（原文に序数はないが、ここでは前掲『五日市憲法』にしたがい、便宜上序数を付けることにする）。

第一条　日本国ノ帝位ハ神武《ジンム》帝ノ正統タル今上帝ノ子《シ》裔《エイ》ニ世伝ス（以下略）
第十八条　国帝ノ身体ハ神聖ニシテ侵ス可《ベ》ラ《カ》ス又責任トスル所ナシ（以下略）

後に発布される大日本帝国憲法の第一条「大日本帝国ハ万世一系ノ天皇之ヲ統治ス」、第三条「天皇ハ神聖ニシテ侵スヘカラス」と大して変わらない条文になっている。しかし皇后は、日本国憲法とは似ても似つかないこの箇所については言及していない。言及しないことで、一つの政治的立場を表明しているようにも見える。

深沢家屋敷跡。右後方の土蔵で五日市憲法の草案が発見された

五日市憲法が発見されたのは一九六八（昭和四十三）年八月。場所は五日市の市街地から離れた集落にある深沢家の土蔵であった。東京経済大学教授の色川大吉がゼミ生を率いて土蔵のなかに入り、ゼミ生の一人だった新井《あらい》勝紘《かつひろ》が風呂敷に包まれていた史料のなかから発見した。

新井はこう回想している。

一群の史料は結社の規則だけで終わらなかった。一番下に和紙を綴《つづ》った墨書史料があった。表に「日本帝国憲法」と記してある。「日本帝国憲法って何だ？」。聞いたこともない名前に、私は戸惑った。綴りを手にすると、ところどころ虫食い箇所がある。ごくごく薄い和紙なので、てっきり大日本帝国憲法の「大」の文字が虫にでも食われてしまったのだろうと思った。(中略) ところが、それはまさに、私が「五日市憲法」に初めて対面した瞬間だったのである。(前掲『五日市憲法』)

深沢家屋敷跡は一九八三(昭和五十八)年に東京都指定史跡となった。一九九四(平成六)年の修理で檜皮葺《ひわだぶ》きの屋根がなくなったとはいえ、五日市憲法が発見された土蔵も残っている。その名も深沢という、三内川《さんないがわ》沿いの集落にある屋敷跡を車で訪ねることにした。

三内川は秋川の支流の一つで、五日市の市街地から深沢集落まで、この川に沿うようにしてゆるやかな上りの道が延びている。現在は舗装されているが、新井勝紘をはじめとする色川大吉ゼミの学生たちが歩いて土蔵を目指したときは、まだ砂利道だったという(同)。

行くほどに三内川の谷が深くなり、人家も途絶える。車の往来はない。このあたりはアジサイの名所らしいが、まだその季節には少し早い。けれどもリュックサックを背負った高齢の女性グループがいくつも深沢を目指して歩いて行く。どうやらこの道は、武蔵五日市駅を起点とするハイキングコースの一部になっているようだ。

やがて前方の視界が開け、駐車場が見えてきた。臨済宗建長寺《けんちょうじ》派の真光院という寺院がある。「深沢家屋敷跡入口」と記された標識がその向こうに見える。想像していたよりもずっと山奥だ。車を駐車場に停めてもらい、石垣で築かれた屋敷跡へと向かった。

現在残っているのは、山門と土蔵だけである。木製の門扉を開けて坂を上ると、一面雑草に覆われた空き地が広がっている。その片隅に白い土蔵があった。石垣の下には用水路のような三内川が流れている。

東京都教育委員会が設置した案内板が立っていた。それによると深沢家は江戸中期に深沢村の名主役となり、幕末には八王子千人同心に就いた。八王子千人同心というのは、幕府の職制の一つで、武蔵国と甲斐国の境の警備や治安維持を目的として八王子に配置された幕臣集団を意味する。やはり八王子との関係が深かったことがわかる。

山門に戻ってきたところで、さっき車窓から見えた女性グループに遭遇する。その一人から、「写真を撮ってあげましょうか」と声をかけられた。彼女らから見れば、私たちのような年下の男性は珍しかったのかもしれない。夫たちはどうしているのか。ひょっとして独り身となり、晴れて自由を謳歌《おうか》しているのだろうか。

五日市街道は武蔵五日市駅を終点としているが、街道そのものは檜原《ひのはら》街道と名称を変えてそのまま西に続いている。この檜原街道を経由して、かつて小河内村の集落があった奥多摩湖に向かうことにした。

檜原街道はしばらく秋川に沿っている。あきる野市から西多摩郡檜原村に入り、村の中心である本宿《もとしゅく》で秋川が北秋川と南秋川に分かれると、南秋川に沿うようにして徐々に標高が上がってゆく。

たまたま見つけた手打うどんの店「はたの」で、かき揚げざるうどんを食べる。名前の入った焼酎《しょうちゅう》やウイスキーのボトルキープがたくさん並んでいるのを見ると、地域の会合に店が使われているのかもしれない。檜原村の家庭では日常的に手打うどんが作られるらしいが、コシの強さは同じ多摩地域の旧北多摩郡に属する国分寺《こくぶんじ》や東村山《ひがしむらやま》あたりで食べられる武蔵野うどんに似ていた。

なおも檜原街道を行くと、数馬《かずま》という古い集落がある。ここは檜原村の最も奥に位置していて、南秋川の水源地にも近い。武蔵五日市駅から出る西東京バスは、約一時間かかってようやくこの終点に到着する。

ここから先は奥多摩周遊道路になる。一九七三年に奥多摩有料道路として開通したが、現在は無料で通行できる。つづら折りの急カーブが続き、何台も連ねたバイクとしばしばすれ違う。深沢家屋敷跡で見た女性グループとは打って変わって、ツーリングを楽しむ男たちの集団だ。

途中、一九九〇年に開園した「東京都檜原都民の森」の入口が見える。現上皇と現上皇后は、天皇、皇后として一九九六年七月八日にここを訪れ、五月の全国植樹祭で植えられた苗

風張峠付近から眺めた奥多摩湖

木を視察している（『朝日新聞』同年七月九日）。『広報ひのはら』によると、途中の本宿にある檜原村役場に立ち寄り、檜原街道と奥多摩周遊道路を経由して来たようだ。しかしここから先にある峠を越えることはなかった。

道路はなおもつづら折りが続き、秋川水系と多摩川水系の分水嶺に位置する風張《かざはり》峠を越えて奥多摩町へと入る。峠の標高は千百六十三メートル。小峰峠とは比較にならない。江戸時代から行き来があった八王子と五日市の間とは対照的に、五日市と小河内の間には、七〇年代まで急峻な峠が立ちはだかっていたのである。

『日本書紀《にほんしょき》』に登場するツクヨミ（月夜見尊《みこと》）を思わせる月夜見《つきよみ》第一駐車場で車を停めてもらう。風張峠よりはやや低いが、それでも九百三十三メートルある。深沢の集落よりはだいぶ涼しく感じる。

ここからは奥多摩湖を一望できるせいか、ツーリング族の男たちもバイクを置き、ヘルメットを外して休憩している。後からわかったことだが、この日の貯水率は八九％で、見た目にはほぼ満杯に映った。東西に細長い湖面が青々と光り、その東端には湖を切り取ったような直線状の小河内ダムも眺められる。湖の向こう側には、石尾根と呼ばれる奥多摩山域の尾根が複雑な稜線《りょうせん》を描いている。

平地はほとんどない。湖の北側の縁をなぞるようにして、青梅街道が通じている。山々の緑と湖面の青にはさまれたアスファルトが、湖の輪郭をきわだたせている。

かつてここに小河内村があり、多摩川に沿う青梅街道沿いに集落が点在していた。独立回復の前後に当たる一九五一年から五二年にかけて、日本共産党は山村工作隊の一つとして、「軍事ダム」の建設に反対する若者たちからなる小河内村工作隊を次々に送り込み、小河内村を革命の拠点にしようとした。だが五二年三月から七月にかけて、三回にわたって計四十二人が逮捕され、息の根をとめられた。

党の方針を信じて革命を夢見た若者たちが村に入ったとき、月夜見第一駐車場はまだなかった。私は彼らが目にすることのなかった地点から奥多摩湖の全景を眺めながら、小河内村の水没とともに党自体からも見捨てられた戦後史のひとこまに思いを馳《は》せた。

下

日本共産党は、一九五一（昭和二十六）年二月二十三日に開かれた第四回全国協議会（四全協）で反米武装闘争の方針を決定し、毛沢東思想をもとにした「山岳パルチザン」、すなわち山村工作隊の軍事方針を新たに打ち出した。山村工作隊は全国に派遣されたが、中でも重点的に派遣されたのがダム建設の進む東京都西多摩郡小河内村であった。

一九五二年三月二十九日、小河内村で山村工作隊が拠点にしていた女《め》の湯《ゆ》集落のバラック小屋が武装警官により包囲され、津金佑近《つがねすけちか》（一九二九〜七八）、由井誓《ゆいちかい》（一九三一〜八六）、岩《いわ》崎《さき》貞夫《さだお》（一九一八〜五三）ら早大の学生を主体とする二十三人もの日本共産党員が逮捕された。いわゆる第一次小河内事件である。

党から指令を受けて小河内村に向かおうとした高《コ》史明《サミヨン》は、国鉄の新宿駅でこの知らせを聞いた。だが高をキャップとする若者十七人は、予定通り中央本線と青梅線とバスを乗り継ぎ、小河内村にやってきた。

青梅線の前身は私鉄の青梅電気鉄道と奥多摩電気鉄道だったが、どちらも太平洋戦争末期の四四年四月に国有化され、同年七月に立川―氷川（現・奥多摩）間が全通した。朝に新宿駅を出た高史明らの一行が昼過ぎに小河内村に着くことができたのは、青梅線があったからだ。

彼らは党員が逮捕されたのと同じバラック小屋で警官隊に包囲されたものの、そこから脱出し、たどり着いた山中の炭焼小屋を新たなアジトにした。

――いったいこの村で何があったのか。

彼らは山の村人たちに会いに行くことにした。当時の共産党が掲げた反米武装闘争の方針によれば、村人たちは極貧の生活に突き落とされていて、山林地主を恨んでおり、ほとんどが党の味方と教えられていた。

だが、その日、私たちは村人から、何一つ聞き出せなかった。次の日も次の日も、村人の口は固く閉ざされたままだった。村人は、逮捕された学生の山村工作隊についても、何一つ語ろうとしなかった。それだけではない。山の暮らしについても、口を固く閉ざして語ろうとしなかったのだ。村人たちは、明らかに共産党の山村工作隊を恐れていた。恐れていただけではない。反感を抱いていた。中には敵意を剝《む》き出しにする者もいた。

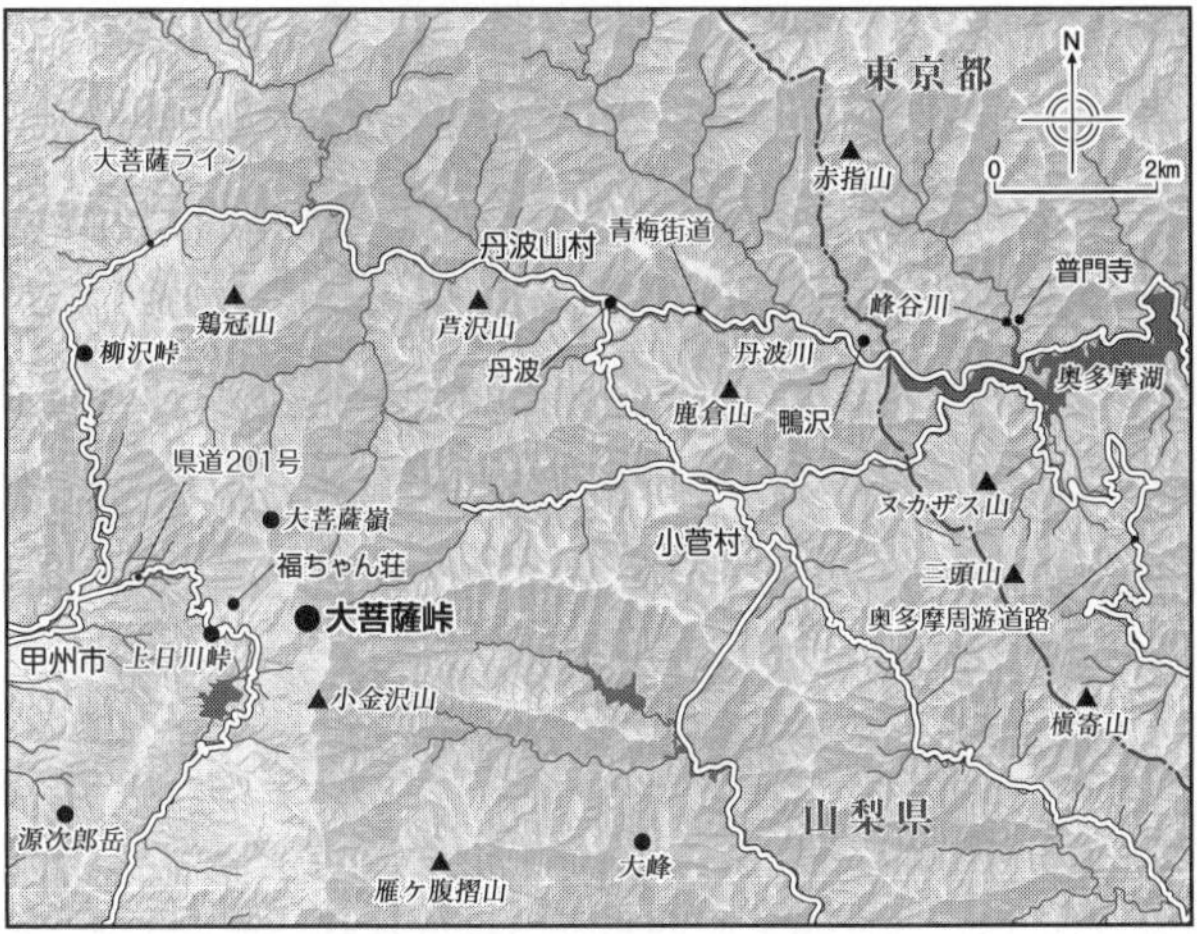

大菩薩峠事件の起きた峠の周辺図

私はこの事実に衝撃を受けた。私たちは、まるで村人たちの平和な生活の破壊者のように見られていたのである。
（『闇を喰む　Ⅱ焦土』、角川文庫、二〇〇四年）

このとき高史明は、党が掲げた毛沢東思想をモデルとする革命理論と現実の間に横たわるギャップの大きさを、初めてまざまざと実感させられた。自らの理論が絶対に正しいと信じる党員たちと、それをただそのまま受け入れることを強制されるだけの村人たち。両者の間には、そもそもはじめから対話の成立する余地がなかったのだ。

ここに明治初期の五日市との違いがある。

五日市では、学芸講談会や学術討論会を

通して議論が積み重ねられた。ある具体的なテーマをめぐって賛成派と反対派に分かれ、十分に議論を戦わせた末、最後に議長がどちらが優勢であったかを判定し、なお疑問があれば次の会議に持ち越した。こうした討議を重ねたことで五日市憲法ができた（色川大吉編著『五日市憲法草案とその起草者たち』、日本経済評論社、二〇一五年）。

けれども政府による自由民権運動への弾圧が強まる明治中期以降、こうした理性的な討論の習慣が受け継がれることはなかった。山村工作隊に言わせれば、討論というブルジョワ的手段で現体制を転覆させることなどできるはずはなく、ただ暴力的な手段によってしか革命を成し遂げることはできないということになる。

五二年四月一日、読売新聞の新米記者だった渡邉恒雄《わたなべつねお》は、警察からの情報をもとに、単独で高史明らが潜んでいたアジトにたどり着き、取材に成功する。警官に間違えられてあやうく殺されかかったものの、高の判断で救われた。四月三日の同紙社会面には、「山村工作隊のアジトに乗込む」という見出しが掲げられ、渡邉が取材した記事がスクープとして大きく報じられた。

問『仕事は……』

答『聞くだけヤボだ。革命の工作に決っているじゃないか』

問『山村工作隊はまだあるか』
答『どの山もみんな工作隊がいる、お前はこゝへまぎれ込んで幸せだ、向うの山へでも行った日にゃもう命はない、こゝの仲間はみんなおとなしいンだ』（中略）
問『君達は暴力革命が成功すると思っているか』
答『もちろん成功するさ、その暁にはお前など本当は絞首刑だと言いたいが、お前など殺してもしようがない、さっさと帰り給え』

この記事の「答」は、おそらく高史明によるものではない。なぜなら彼は、こう回想しているからだ。

私たちの頭上の空は深く澄んでいた。すべては、空の深さが受け止めてくれるように感じられた。私はまるで空に向かって話すように話した。やがて、話すことがなくなったとき、私は口を噤《つぐ》んで相手を見つめた。若い男の鋭い目の縁にかすかな安堵《あんど》と喜びが浮かんでいた。その男もまた、あの戦争と戦後を呼吸してきたに違いなかった。（前掲『闇を喰む　Ⅱ焦土』）

一九二六（大正十五）年生まれの渡邉恒雄も三二（昭和七）年生まれの高史明もまだ生きている。一方は読売新聞グループ本社代表取締役主筆、他方は在日朝鮮人二世の作家として。全く別々の人生を歩んだ二人には、かつて奥多摩の山中で互いの実存が交差する瞬間があったのだ。

高史明はアジトに一週間とどまり、逮捕されることなく東京に戻った。同様に文化工作隊の一人として小河内村に派遣された一人に、画家の桂川寛《かつらがわひろし》（一九二四〜二〇一一）がいる。桂川は共産党を母体とする「前衛美術会」に入会し、五二年六月から一カ月あまりにわたり、画家の山下菊二《やましたきくじ》（一九一九〜八六）や勅使河原宏《てしがはらひろし》（一九二七〜二〇〇一）らとともに、工作隊のアジトになっていた河内集落のはずれにある洞窟《どうくつ》に滞在した。

> 私たちの主な〝任務〟というのは、『週刊小河内』というガリ版刷りのビラや木版も入れた『別冊パンフ』を作りこれをダム工事現場や飯場の労務者、またその余りを近辺の村落の家々に配って歩くことだった。（中略）
> 朝早く二キロほど下流のダム工事現場に行って仕事につく労務者たちにビラを手渡したり、まだ立ち退いていない村落の民家に配って遠く六キロ余上流の鴨沢《かもさわ》まで行ったこともある。ここはすでに山梨県に入ったところである。（『廃墟の前衛　回想の戦後美術』、

一葉社、二〇〇四年）

一九五二年七月九日、第二次小河内事件が起こった。ダム労働者に呼びかけたストライキ決起の日に、後に映画監督となる土本典昭《つちもとのりあき》（一九二八〜二〇〇八）ら工作隊員が逮捕されたのだ。桂川はハイキング客の風体を装い、青梅線と中央本線を乗り継いで自宅のあった阿佐《あさ》ケ谷《がや》に逃げ帰った。

明治初期の五日市が秋川街道によって八王子とつながっていたのに対して、一九五二年の小河内は青梅線（と青梅街道）によって立川とつながっていた。五二年三月末に山村工作隊の一員として青梅線に乗った佐木亘は、行きには「立川の駅から数駅にわたってみえる基地の広さとものものしさ、急に増えた米軍人の姿などにこれからの任務の重大さ」を考えさせられ、帰りには「立川駅近くになると米軍人と日本人娼婦《しょうふ》の傍若無人な酔態が車内のここかしこに拡げられ」たと回想している（「或る青春の記録―山村工作隊に参加した頃―」、『近代文学』一九五九年一月号所収）。米軍基地のある立川を起点とする青梅線に乗ることで、彼らの反米意識はいやがうえにも高まったのである。

五二年十月の衆議院議員総選挙で、日本共産党は議席数を三十五から一挙にゼロに激減させた。五五年七月に開かれた第六回全国協議会（六全協）で、共産党は「農村から都市を包囲する」武装闘争方針を「極左冒険主義」として否定した。山村工作隊の活動も誤りだったとされ、顧みられることもなくなってゆく。

建設の開始から十九年もの歳月をかけて小河内ダムが竣工《しゅんこう》したのは、五七年十一月二十六日のことだった。この間に九百四十五世帯が移転し、朝鮮人六人を含む八十七人の労働者が事故の犠牲になった。

一九六一年十月二十五日、昭和天皇と香淳《こうじゅん》皇后が小河内ダムを訪れた。二人は皇室専用の原宿宮廷ホームから青梅線の御嶽《みたけ》までお召列車に乗り、御嶽からは自動車に乗り換えた。ダムに着くと花火が打ち上げられ、白煙が秋空に溶け込むように消えていった。天皇は和歌を詠んでいる。

水涸れせる小河内のダム水底《みなそこ》にひと村あげて沈みしものを

(『昭和天皇実録』第十三、東京書籍、二〇一七年)

当時はまだ利根川《とねがわ》水系のダムがなく、奥多摩湖の貯水率は三二%にとどまっていた(『奥多摩町誌 歴史編』、奥多摩町、一九八五年)。天皇は水不足を心配するとともに、もしこのまま雨が降らなければ、湖底に沈んだ村があらわになることを認識していた。

けれども、山村工作隊については認識していなかったに違いない。それはおそらく、一九八〇年十月十五日に秩父《ちちぶ》多摩国立公園指定三十周年記念式典に出席するために初めて小河内ダムを訪れた皇太子（現上皇）夫妻も同様だったろう。ちなみに奥多摩湖畔にある「奥多摩水と緑のふれあい館」には、小河内ダムの建設を解説するコーナーはあっても、山村工作隊に関する言及はない。

小林編集長が運転する車は、月夜見第一駐車場を出てから奥多摩周遊道路を経由して山を下り、奥多摩湖にかかる深山《みやま》橋を渡って青梅街道に入った。

湖に沿うこの街道には、奥多摩駅と山梨県の丹波《たば》を結ぶ西東京バスが走っている。女の湯、熱海《あたみ》といったバス停に、湖底に沈んだ集落の名残がうかがえる。

奥多摩湖の湖面に人影はなかった。同じ貯水池でも、神奈川県の相模《さがみ》湖のように、遊覧船や貸ボートの乗り場があるわけではない。釣り人の姿も見かけない。

ダムの堤防には湖とダムの双方を眺められる遊歩道が整備され、展望塔もあった。湖の向こう側には三頭山《みとうさん》や月夜見山などの山々が連なり、いましがた車を停めた月夜見第一駐車場も見えたが、客の姿はほとんどなく、観光地の雰囲気を感じとることはできなかった。

青梅街道の峰谷《みねだに》橋近くの信号を曲がり、湖に注ぐ峰谷川に沿う細い道をしばらく行くと、普門寺《ふもんじ》がある。正式には臨済宗建長寺派金鳳山《きんぽうざん》普門禅寺という。奥多摩町内で最も古い寺で、もともと小河内村の河内集落にあったが、貯水池の建設に伴い取り壊された。このとき、楼門だけが現在地に移築され、町の有形文化財に指定された。

楼門に向かって長い石段が続いている。石段の脇には、六六年三月二十一日に「岩崎貞夫記念碑建設委員会」が建てた岩崎貞夫の記念碑がある。その名称からして、日本共産党自身が建てたわけではない。

岩崎貞夫は、第一次小河内事件と第三次小河内事件の二度にわたって逮捕されたが、高史明や桂川寛とは異なり、保釈後も小河内に戻って山村工作隊の活動を続けた。そのせいで体調を崩し、五三年十月に死去した。

> 四季折々に美しい小河内の山々と静かな湖面は痛苦に満ちた若き革命家の姿と斗《たたか》いの歴史をそのふところに秘めている鋼の意志と不屈の斗魂磊落《とうこんらいらく》な風貌のなかに深い熱情をひめた三十五才の岩崎貞夫忘れ得ぬ同志をしのび我々はここにこの碑を建てる

句読点がいっさいない文章が石碑に刻まれている。六全協で山村工作隊を誤りとして切り捨てた共産党本部に対する怒りが沸々と煮えたぎるような文章である。この石碑が現在、奥多摩町内で山村工作隊について知ることのできる唯一の痕跡《こんせき》と言ってよい。

寺の境内は無人だった。多摩川につながる支流に沿った細い道を少し上っていった山間部にある点では、五日市の深沢家屋敷跡と似ていなくもない。だが一方には現上皇后からお墨付きを与えられた「陽」の歴史があり、他方には共産党からも見捨てられた「陰」の歴史がある。五日市と小河内の間に立ちはだかる峠の険しさを、改めて実感せずにはいられなかった。

車は再び青梅街道に戻り、奥多摩湖に沿うようにして西へ進んでゆく。次に目指すのは、大菩薩峠に近い山小屋「福ちゃん荘」だ。奥多摩町から山梨県北都留《きたつる》郡丹波山《たばやま》村に入ると、街道の通称名が大菩薩ラインとなり、桂川寛がビラを配りに行ったという鴨沢の集落が見えてくる。小河内ダムを訪れた昭和天皇や香淳皇后も、現上皇や現上皇后も、丹波山村までは来ていない。

ずっと左側に見えていた奥多摩湖が細くなり、丹波川《たばがわ》に変わっている。川の名称が変わっても、多摩川の本流がまだ続いているのだ。甲斐武田《たけだ》氏の落人伝説が残る丹波は、丹波山村の中心集落に当たり、奥多摩駅から青梅街道を進んできた西東京バスもここを終点としている。

丹波を抜けると、カーブを描きながら多摩川源流域の深い山間部をぐんぐん上ってゆく。

丹波山村から甲州市に入っても、景色は変わらない。通称名に反して大菩薩峠は通らず、標高千四百七十二メートルの柳沢峠を経由する。風張峠より三百メートル以上も高い。前方にはいつの間にか、雪がわずかに残る富士山《ふじさん》が全容を見せている。

柳沢峠を越えた途端、こんどは急カーブの連続で坂を下ってゆく。街道に沿う川は、多摩川水系から笛吹川水系へと変わっている。しばらく走ると、大菩薩峠への道を示す道路標識が見えてきた。これを目印に信号のない交差点を左折し、山梨県道２０１号に入った。

県道といっても、実際には林道である。舗装はされているが、車が一台やっと通れるほどの道幅しかない。あまりに山が深くて、カーナビが使いものにならない。道の両側は森に覆われている。つづら折りの道を上ってゆくにつれ、時々森が途切れて甲府《こうふ》盆地が眼下に見え、いつの間にかまた高いところまで来ているのがわかる。

しかし、行けども行けども肝心の峠にはたどり着かない。

本当にこの道でよいのか不安が増してきたころ、ようやく視界が開け、ログキャビン風の山小屋「大菩薩の宿　ロッヂ長兵衛《ちょうべえ》」が見えてきた。上日川峠に到着したのだ。ここは大菩薩峠の八合目に当たり、標高は千六百メートル。柳沢峠よりも上ってきたことになる。

上日川峠から大菩薩峠までは登山道になるが、途中の「福ちゃん荘」までは舗装されているので車で行くことにした。標高千七百メートルあまりの地点に、目指す山小屋は建ってい

大菩薩峠事件の舞台となった福ちゃん荘（写真は建て替えられた現在のもの）

た。シラカバやブナ、ミズナラなどの木々に囲まれ、空気がひんやりする。気温は十五度そこそこだろう。

時刻は午後四時を過ぎていた。まだ陽は高いが、食堂は三時で営業を終えていたため、中に入ることはできなかった。山小屋に人の気配はなかった。

日本共産党が六全協で反米武装闘争を否定したことに反発して生まれたのが新左翼である。新左翼は六〇年安保闘争や六八年の大学闘争などでその名を馳せたが、時代が下るにつれセクト化していった。

一九六九年に結成された共産主義者同盟赤軍派（赤軍派）も、そうしたセクトの一つであった。赤軍派は、同年十一月十七日の佐藤《さとう》栄作《えいさく》首相の訪米前に「秋期武装蜂起《ほうき》戦」の火ぶたを切るとして、十一月六日に東京に集結し、七日早朝を期して盗んだダンプカー五台で首相官邸、警視庁を襲撃、占拠することを計画した。

この計画に基づき、未成年者二十五人、女性二人を含む赤軍派中央軍五十三人が、十一月三日夕刻に「ワンゲル共闘会議連合」を名乗り、「福ちゃん荘」に到着した。彼らは一般の登山客にまぎれて塩山《えんざん》まで中央本線に乗り、塩山からはバスと徒歩で来たものと思われる。

十一月四日、彼らは付近の山中で部隊を編制し、任務を分担して鉄パイプ爆弾やピース缶爆弾の投てき訓練や、登山ナイフを使っての突撃訓練を行った。

小河内の山村工作隊とは異なり、赤軍派は自分たちの正体を隠していた。同じ日に「福ちゃん荘」に泊まっていた登山客は、彼らが赤軍派中央軍であることを全く知らなかった。山村工作隊は、自らの理論の正しさを広めるためであったにせよ、まだ村人たちと対話を試みようとした。だが赤軍派とそれ以外の人々の間には、もはやいっさいの対話がなかった。彼らはひたすら革命を実現させるための暴力的な破壊行為に向かってつき進もうとしたのである。

しかし、彼らが「福ちゃん荘」にいることは、警察も新聞（読売新聞甲府支局）もつかんでいた。十一月五日早朝、山梨県警をはじめとする都府県警察が合同捜査体制のもとに山小屋を捜索し、指名手配中の五人を逮捕した。残りの四十八人についても、鉄パイプ爆弾やピース缶爆弾などが発見されたため、全員を現行犯逮捕した。

登山客を装い記者を泊まらせていた読売新聞は、山村工作隊の動きをスクープしたときと同じように、この日の夕刊に「赤軍派〝壊滅〟の朝　潜入記」の見出しを打ち、大きく報道した。「寝込みを襲われた学生たちは革命を目ざす闘士の表情を取り戻すイトマもなかった。次々に引き立てられる学生の表情は痛々しいほどざ折感でいっぱいだった」（『読売新聞』六九年十一月五日夕刊）。

けれども赤軍派は、これで壊滅したわけではなかった。多くのメンバーは、大菩薩峠事件に関わっていなかった。その一部は七〇年三月に日航の旅客機「よど号」をハイジャックし――これが日本で初めてのハイジャック事件であった――、北朝鮮に亡命することになる。

赤軍派が逮捕されたときには平屋だった「福ちゃん荘」は、二階建てに改築されていた。大菩薩峠事件を示す痕跡は、どこにもなかった。それとは全く異なる木製の看板が、食堂の入口の脇に掲げられていた。

皇太子様雅子《まさこ》様御休憩所　大菩薩御登山　二〇〇二年九月十二日

驚いた。昭和天皇や香淳皇后も、現上皇や現上皇后も足を踏み入れることのなかった「峠」を、皇太子徳仁と皇太子妃雅子はそろって訪れたばかりか、休憩のため「福ちゃん荘」に立ち寄っていたことがわかったからだ。

この日、皇太子夫妻は東宮御所《とうぐうごしょ》を発ち、大菩薩嶺や大菩薩峠を回る登山コースを歩いている。東京新聞の水野和伸は、「平成十四年、愛子さま出産後ご夫妻で大菩薩嶺に登られた。登山客から『愛子さまはかわいいですね』と声をかけられ、雅子さまは『ありがとうございます。今日も出るときに手を振って見送ってくれました』と笑顔で応《こた》えられたそうだ」と述べている（「山での皇太子さま」、『岳人』二〇〇五年十月号所収）。

それにしても、なぜわざわざ「福ちゃん荘」が休憩場所として選ばれたのか。宮内庁は、この山小屋で三十年あまり前に起こった事件について、当然知っていたはずだ。大菩薩峠の周辺には、前述の「ロッヂ長兵衛」をはじめ、山小屋がいくつかあったから、「福ちゃん荘」で休憩しなければならない必然性はなかった。

皇太子夫妻が大菩薩峠事件を意識していたかどうかはわからないが、すべての国民に対してわけへだてなく仁慈、すなわち温かい愛情を注ぐことが皇室の重要な務めだとすれば、その対象にかつての赤軍派のような集団も含まれると考えることはできるだろう。

皇太子徳仁の登山好きはよく知られている。中でも東京都と山梨県にまたがる奥多摩の山々には、「私の登山の貴重なフィールドとなっている」（「秋山の思い出」、『岳人』二〇〇五年十月号所収）と述べるほど、しばしば登っている。二〇〇八（平成二十）年に山梨県甲州市の笠取山《かさとりやま》に登り、多摩川の水源にたどり着いたことを、一七年の歌会始で「岩かげにしたたり落つる山の水大河となりて野を流れゆく」と詠んだこともある。

奥多摩の峠に対する思いを、皇太子はこう述べている。

> 四年前、三頭山に続く檜原村の笹尾根をたどったが、それは、甲斐武蔵両国の交易ルートに関心があったからである。峠を越えて往来した武蔵の絹と甲斐の炭。登山道では、道中の安全祈願、馬匹慰霊のために建立された馬頭観音像を何箇所かで見ることができた。奥多摩の蕎麦《そば》粒山《つぶやま》登山のときには、秩父側との交易路でもあった仙元《せんげん》峠に立った。「この道を花嫁さんが越えてきたこともあったそうですよ」との説明にも、実際に雪の峠に立ってみると感慨深いものがあった。（「山と私」、『山と溪谷』一九九六年一月号所収）

大菩薩峠だけではない。奥多摩の峠はあらかた歩き尽くしている。いや、五歳のときに登山を始め、これまでに百七十を超える各地の山々を踏破してきたことを勘案すれば、皇太子徳仁の足跡は全国の「峠」に及んでいると言っても過言ではあるまい。

いまや皇室の仁慈は、かつてないほど国土の隅々にまで行き渡っている。大菩薩峠事件のあとも、赤軍派や後身の連合赤軍が山梨県や群馬県の山中に「山岳ベース」を築いたが、それからすでに半世紀以上の年月が経っている。国家権力に対峙《たいじ》して革命を目指した「根拠地」は、もはや完全に存立の余地を失ったのである。

第三景「島」と隔離

上

瀬戸内海《せとないかい》には、全部で大小七百あまりの島があると言われている。その中には、淡路島《あわじしま》や小豆島《しょうどしま》のように『古事記《こじき》』の国生み神話に早くも出てくる島もあれば、宮島《みやじま》（厳島《いつくしま》）のように嚴島《いつくしま》神社がユネスコの世界文化遺産に登録され、多くの観光客でにぎわう島もある。

これらの島々ほど有名ではないが、明治以降の近代化とともに国家による厳重な管理下に置かれ、景観が一変した瀬戸内海の島もある。岡山県の長島《ながしま》と広島県の似島《にのしま》である。

二つの島の運命を大きく変えたのは、「衛生」という思想であった。いかにして恐るべき伝染病から日本を守るべきか。この課題にこたえるべく、一八九五（明治二十八）年と一九〇四（明治三十七）年に開設されたのが似島の陸軍似島検疫所（後の第一検疫所）と同第二検疫所であり、一九三〇（昭和五）年に開設されたのが長島の国立らい療養所（現・国立療養所）長島愛生園《あいせいえん》であった。「島」という地形が、病原体を隔離するための空間となるのである。

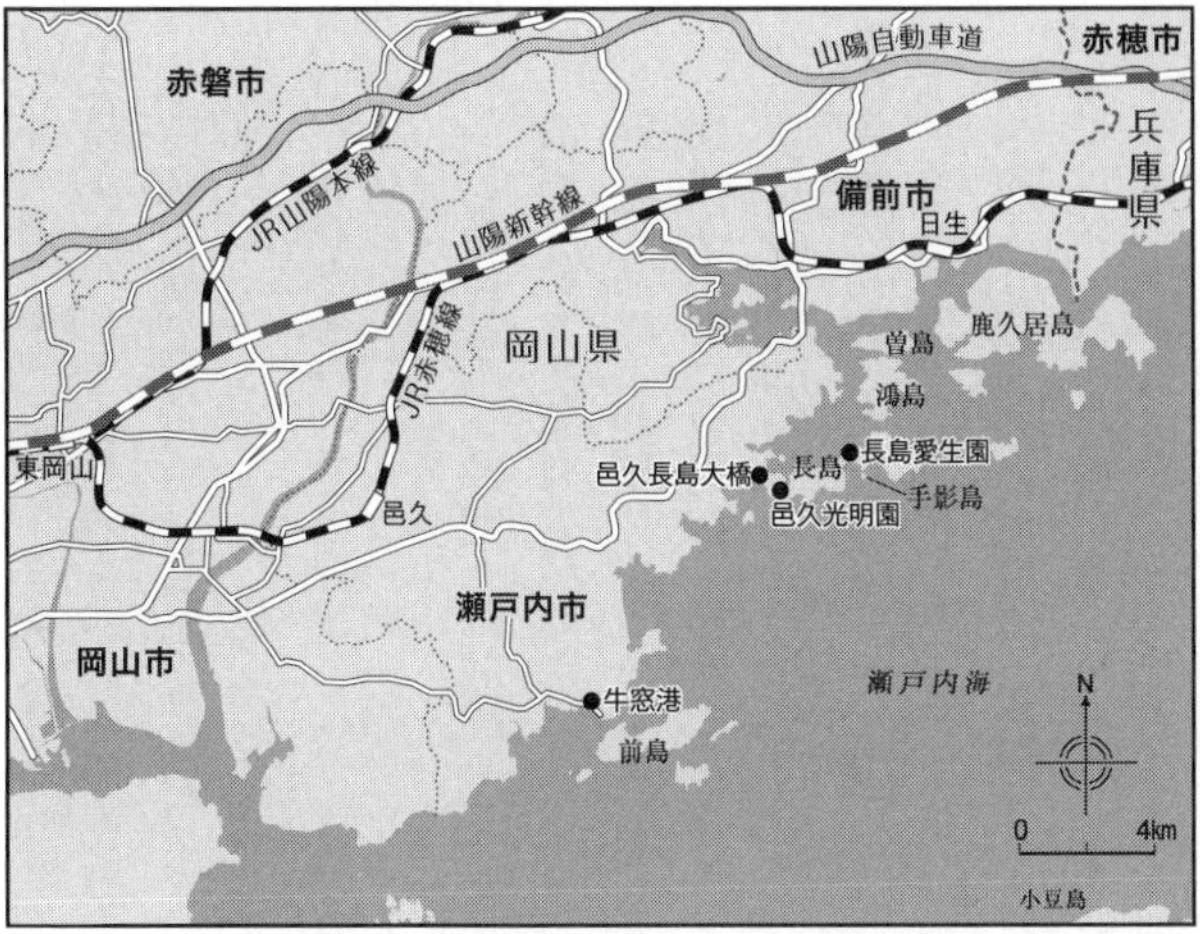

長島愛生園のある長島周辺図（岡山県瀬戸内市）

似島の陸軍検疫所は、日本の「外」から持ち込まれる可能性のある病原体を一カ所に集めて消毒したり、患者を隔離したりするための施設であった。これに対して長島愛生園は、日本の「内」に散在している病原体を一カ所に集め、患者を徹底して管理するための施設であった。前者はコレラや赤痢の侵入を防ぐための、後者はもっぱら「癩《らい》病」と呼ばれたハンセン病の患者を隔離するための、いずれも国内最大の施設になってゆく。

それにしても、なぜ似島と長島だったのか。

一八九四（明治二十七）年から九五年にかけての日清《にっしん》戦争では、軍人や軍属が戦地から病原体を持ち込み、国内でも赤痢やコレラが大流行した。広島には大本営が置かれ、明治天皇が滞在していたから、病原体の侵入をくい止めることは喫緊の課題となった。

臨時陸軍検疫部事務官長の後藤新平《ごとうしんぺい》（一八五七～一九二九）の建議を受け、同検疫部長の児玉源太郎《こだまげんたろう》（一八五二～一九〇六）は一八九五年六月、広島に近い似島に世界最大級の大検疫所を開設させた。その背景には、天皇という「浄」のシンボルがあった。

広島には大元帥陛下御駐蹕《ちゅうひつ》あらせられしのみならず、重要なる諸機関は総《すべ》てこの地に設置しありて本邦と戦地とに於《お》ける人馬の往来は勿論《もちろん》、荷物等の発送も亦《また》必ずこの地を経て宇品《うじな》港より積載する事にてありき、乃《すなわ》ちこの地と大連若《だいれんも》しくは旅順《りょじゅん》との間に於ける交通は非常に頻繁なるを以《もっ》て万一彼の土に於ける悪疫をこの地に齎《もたら》し帰る等のことありては、大元帥陛下に対し奉りて恐れ多きのみならず疫病の流行と共に重要なる諸機関の運転を妨阻するが如きことありては一大事なり。（『芸備日日新聞』一八九五年五月十三日）

従来のように、港に消毒所を設置するだけでは感染をくい止めることはできない。「島」でなければ、日本国内にコレラや赤痢が持ち込まれ、ひいては「大元帥陛下」、すなわち明治天皇にも感染する可能性を否定できなかったのだ。

征清大総督として戦地から帰還した小松宮彰仁親王《こまつのみやあきひとしんのう》（一八四六〜一九〇三）は、明治天皇から「消毒の設備はどうして置いたか」と尋ねられたときに備えて検疫所を開設したと児玉から聞かされ、真っ先に検疫を受けた。ここから「天皇陛下の検疫所」という観念が生まれ、他の凱旋《がいせん》将軍も一人残らず検疫を済ませたという（鶴見祐輔編著『後藤新平』第一巻、後藤新平伯伝記編纂会、一九三七年）。

前近代から天皇は、ケガレ（「穢」）の対極にあるキヨメ（「浄」）のシンボルであり続けた。だがここで意識されているのは、むしろ近代の衛生学的な「清潔」の観念と結びついた天皇である。

いや正確にいえば、両者は一体となっている。「島」に検疫所を設け、帰還した兵士を集めて徹底した消毒を行い、一人でも伝染病の患者が見つかれば隔離することで、天皇の支配する「清浄なる国土」を守らなければならないという思想が見え隠れしているのである。

同じことは、長島愛生園についても言える。

日本で初めて設立されたハンセン病の隔離施設は、一九〇九（明治四十二）年に東京郊外の東村山村《ひがしむらやまむら》（現・東村山市）に開設された第一区府県立全生病院《ぜんせいびょういん》（現・国立療養所多磨全生園《たまぜんしょうえん》）である。この病院に医長として赴任したのが光田健輔《みつだけんすけ》（一八七六〜一九六四）であった。

全生病院では脱走者があとを絶たなかったことから、光田は「島」に患者をまるごと隔離することを考えた。晩年の回想録である『愛生園日記　ライとたたかった六十年の記録』（毎日新聞社、一九五八年）のなかでは、「できれば大きな一つの島に、日本中のライを集めるというようなことを考えていた」と述べている。

光田がまず目をつけたのは、沖縄県の西表島《いりおもてじま》であった。だが西表島はマラリアの流行地である上に本土から遠かったため、第二候補とされた長島に白羽の矢が立てられた。長島愛生園は公立の全生病院とは異なり、初めての国立療養所として一九三〇年十一月に開設された。

三一年三月には光田が初代園長として着任して最初の患者を受け入れ、同年八月には早くも定員の四百人を突破、四三年には患者数が二千人を超えた。光田は園長を退官する五七年三月まで、絶対的な権力を振るいつつ長島愛生園に君臨し続けたのである。

光田が進めた隔離政策を、ノンフィクション作家の髙山文彦《たかやまふみひこ》はこう意味付けている。

　その考えの根本にあったのは、日本中の患者を離島に集めて一歩も外へ出さず、結婚も出産も許さずに一生を島で終わらせれば、最後のひとりの死滅とともにハンセン病も絶滅するというもので、これはアウシュビッツの思想とまったく同じものであった。その根底には劣等民族や精神病者を排除して近代帝国を完成するという優生思想が明瞭《めいりょう》に存在する。（『宿命の戦記　笹川陽平、ハンセン病制圧の記録』、小学館、二〇一七年）

この隔離政策にお墨付きを与えたのが、大正天皇の后《きさき》、節子《さだこ》（貞明皇后《ていめいこうごう》）であった。

節子は、ハンセン病患者の垢《あか》を清め、全身の膿《うみ》を自ら吸ったという伝説がある聖武《しょうむ》天皇の后、光明《こうみょう》皇后に対する強い思い入れをもっていた。昭和になり、皇太后となった節子は、「救癩」のため多大なる「御手許金《おてもときん》」を下賜したほか、「癩患者を慰めて」と題する和歌を詠んでいる。

つれづれの友となりてもなぐさめよ　ゆくことかたきわれにかはりて

行くことが難しい自分自身に代わって、患者の友となって慰めてほしい――皇太后からこう呼びかけられた光田は、感激を新たにした。天皇と並ぶ「浄」のシンボルとしての皇太后が、「穢」としての患者に慈愛を注ぐことはあっても、直接「島」を訪れることはない。だからこそ光田らがその代わりにならなければならないというのだ。

三五年一月十八日、光田は東京の大宮御所《おおみやごしょ》で皇太后に面会し、「一万人収容を目標としなければ、ライ予防の目的は達せられないと思います」と述べたのに対して、皇太后は「からだをたいせつにしてこの道につくすよう」と激励している（前掲『愛生園日記』）。

似島の陸軍検疫所は、四五年八月には広島で被爆した一万人とも言われる市民を収容している。「外」からの患者を隔離するための施設が、敗戦の直前に図らずも「内」からの被爆者を収容するための野戦病院に転用されたのだ。検疫所は戦後に規模を縮小し、五八年七月には完全に閉鎖された。一方、長島愛生園は、戦後も戦前と同様の役割を果たし続ける。戦時中に米国で特効薬プロミンが開発され、ハンセン病が不治の病でなくなったにもかかわらず、国の隔離政策が改まることはなかったからである。

その背景には、皇室からお墨付きを得た光田の「衛生」思想があった。一見、近代的な装いをまとったその思想は、皇室を「浄」のシンボルと見なす前近代以来の思想と結びつくことで、揺るぎないものとなった。

現上皇は、結婚した翌年の一九六〇（昭和三十五）年八月六日に皇太子として似島を訪れている。二〇一六年八月八日の「おことば」で「日本の各地、とりわけ遠隔の地や島々への旅も、私は天皇の象徴的行為として、大切なものと感じて来ました」と自ら述べたところの「島々への旅」は、まさにこの似島から始まったのである。

また天皇時代にあたる二〇〇五年十月二十三日には、現上皇后とともに歴代の天皇として初めて長島を訪れ、愛生園で暮らす二十六人に声をかけている。彼らはもはや患者ではなかった。帰るべきところがないという理由から、完治してもなお愛生園で生活している人々だったからだ。

現上皇にとって似島を訪れることは、戦争という、自らの父が深く関わった過去の歴史と向き合うことを意味した。一方、長島を訪れることは、ハンセン病という、自らの祖母が深く関わった過去の歴史と向き合うことを意味したはずである。どちらも皇室にとっては負の歴史といえる。その歴史を「島」という地形から探るべく、私もまた小林順編集長や岸山征寛さんとともに鉄道とタクシー、フェリーを乗り継いで二つの島を訪れることにした。

二〇一八年八月二十日月曜日、新横浜《しんよこはま》を9時29分に出た「のぞみ19号」は、岡山に12時27分に着いた。12時55分発のJR赤穂《あこう》線上り播州赤穂《ばんしゅうあこう》ゆきの普通電車に乗り換える。赤穂線は山陽《さんよう》本線の相生《あいおい》と東岡山の間を結んでいて、東岡山までは山陽本線と同じ線路を走る。

東岡山でようやく山陽本線から分岐する。赤穂線は山陽本線よりも海側を走るが、車窓から瀬戸内海を望むことは全くできない。長島愛生園がある瀬戸内《せとうち》市の中心駅、邑久《おく》に着いたのは13時19分。赤穂線は単線のため、中心駅と言っても上下線共用のホームが一つしかない。

瀬戸内市の観光の目玉は、「日本のエーゲ海」と称される牛窓《うしまど》だろう。牛窓は古くから港町として栄え、江戸時代には将軍の代替わりなどに際してソウルから派遣された朝鮮通信使が立ち寄ったことでも知られる。牛窓に比べると、これから行く長島は観光のイメージが皆無と言ってよい。

愛生園まで行くバスもあるが、本数が少ないため駅前に停まっていたタクシーに乗る。どこまで行ってものどかな農村の風景が広がるばかりで、市名に反してなかなか瀬戸内海が見えてこない。二十分あまり走ったところで、ようやく前方の視界が開け、橋が見えてきた。本州と長島の間にかかる邑久長島大橋である。

一九八八年五月に開通したとき、この橋は「人間回復の橋」と呼ばれたという。本州と陸続きになり、「島」という隔離された環境ではなくなったからだ。海峡の幅は一番狭いところで三十メートルほどしかなく、泳げばすぐに渡れそうにも見えるが、潮の流れが速く、脱走を試みて命を落とした患者も一人や二人ではなかった。

橋を渡ると、すぐに国立療養所邑久光明園《こうみょうえん》が見えてくる。長島愛生園同様、ハンセン病の療養所で、一九三八（昭和十三）年四月に第三区府県立光明園として開設され、四一年に国立療養所となった。患者数は最大で千百人あまりに達したが、現在の入所者数は百人にも満たず、新たに特別養護老人ホームが建てられている。

長島というのは、その名の通り東西に長い島である。邑久光明園からさらに三キロほど進んで行くと、右側の視界が開けて瀬戸内海が広がった。この海を見下ろす高台の上に、長島愛生園の事務本館が建っていた。時計の針を見ると、午後二時前を指している。

長島愛生園の旧事務本館。現在は歴史館となっている

一九三一年三月に光田健輔が八十一人の患者とともに東村山の全生病院から長島愛生園に移ったときには、極秘に列車が運転された。患者を乗せた列車は貨物列車に増結され、東村山から西武線や中央線や東海道《とうかいどう》本線などを経由し、大阪港に近い大阪の桜島《さくらじま》まで走った。さらに大阪港から長島まで船が運航されたが、結局長島までは二日あまりを要している（前掲『愛生園日記』）。

園長として赴任した光田を迎えた事務本館は、現在、歴史館として公開されており、その横に現在の事務本館がある。歴史館の見学は後回しにして、先に愛生園内を散策し、史跡を見学することにした。

まず事務本館裏手の丘を上る。芝刈りに来ている業者を除いて人の姿を見かけない。丘の斜面に十坪住宅と呼ばれる狭い木造家屋が残っていた。夫婦単位で住めるよう光田が考案した六畳二間の住宅は他の療養所には見られず、強制隔離を象徴する建物となった。だが空き家になって久しく、いつ壊れてもおかしくない状態にある。

気温は三十度ぐらいだろう。海から風が吹くせいか、それほど暑さを感じない。聞こえてくるのは、ツクツクボウシの蝉時雨《しぐれ》と、園内の随所に設置されたスピーカーから流れてくる、高校野球を実況中継するラジオのアナウンサーの声だけだ。スピーカーは、目の不自由な人に場所を知らせる盲導鈴と呼ばれる装置ではないか。

さらに坂道を上ると、「恵の鐘」と呼ばれる鐘楼堂が現れた。標高四十・二メートルの「光ケ丘」にある。さすがに見晴らしはよく、近くには干潮時に歩いて渡れる手影島（弁天島）が、遠くには小豆島が眺められる。手影島には、光明皇后をまつる長島神社がある。

鐘の表面には、前述した皇太后節子の「つれづれの〜」という和歌が刻まれている。だがここは、三六年に患者たちが待遇改善を求めて鐘を乱打した「長島事件」の舞台でもある。八百九十人の定員を上回る千人あまりの患者を受け入れたことで、患者の不満が爆発したのである。

これ以降も患者数は増え続け、ピークの四三年には二千二十一人に達した。邑久光明園と合わせて、長島全体で三千人あまりの患者がいたことになる。

園内にある納骨堂。長島で亡くなった3600柱あまりの遺骨が眠る

丘の尾根に沿うようにして遊歩道が整備されている。谷に当たる部分には、黄色や橙《だいだい》色の屋根も鮮やかな平屋建ての集合住宅がいくつも並んでいた。

反射的に多磨全生園を思い出した。全生園にも似たような平屋建ての住宅があるからだ。だが、似ているのはあくまでも住宅だけで、あとは全くと言っていいほど違う。全生園は隔離されているとはいえ周辺は住宅地で、自由に出入りできる。実際に園内に入ると、散歩やジョギングをしている人たちをよく見かける。一方、愛生園はたとえ本州と橋でつながっても、交通が不便な離島にあるという環境そのものが変わるわけではない。全生園のように、近隣住民が気軽に園内を通り過ぎることはあり得ないのだ。

愛生園の入所者数は、二〇一八年八月二十日現在で百六十一人にまで減った。平均年齢は八十五歳。住宅は、病気にかかった人が入る病棟、介護が必要な人が入る特養棟、健常者が入る一般棟の三種類に分かれている。丘の周辺に点在しているのは一般棟だが、空き家が目立っている。ちなみに職員数は四百人で、入所者よりずっと多い。

丘を下ると園の北側に出る。カキの養殖イカダが浮かぶ海を望む高台に納骨堂がある。ハンセン病に対する差別や偏見はいまなお消えず、故郷に戻ることのできない三千六百柱を超える遺骨が眠っている。二〇〇五年十月二十三日に愛生園を訪れた現上皇と現上皇后は、納骨堂に献花し参拝している（中尾伸治「天皇・皇后両陛下を長島にお迎えして」、『愛生』二〇〇五年一月号所収）。

海岸沿いには、隔離された患者を最初に収容して消毒を行った収容所や、逃走を試みた患者や風紀を乱した患者を収監した監房跡が残っていた。光田健輔は懲戒検束権をもっていたため、裁判を行うことなく独断で患者を監房に送り込むことができた。ここは日本でありながら日本の法律が適用されない治外法権の地だったのだ。

収容所の近くには、一九三九（昭和十四）年に建設された収容桟橋も残っていた。この桟橋は患者専用で、職員などは別の桟橋を利用した。見送りに来た家族も、この桟橋から島内に入ることはできなかった。

散策を終えた私たちは、歴史館を見学することにした。一九五五年当時の園長室が復元されている。壁を背にする形で大きな机と椅子があり、机の上には顕微鏡が置かれている。その背後には本棚がある。壁には歴代園長の肖像写真が掲げられているが、初代園長だった光田健輔の在任期間は二十六年間と最も長かった。

ここに患者が立ち入ることはできなかった。「指令室」と呼ばれたこの部屋からは、日本全国のハンセン病療養所に指令が発せられたばかりか、国策にも影響を及ぼす指令が発せられた（前掲『宿命の戦記』）。

園長室に隣接して、「先駆者の紹介」のコーナーがあった。光田健輔については、「愛生園の初代園長で、ハンセン病研究の第一人者です。彼の『全患者の強制隔離』という考えは、日本の政策に大きな影響を与えましたが、彼の評価は当時の社会状況も考えなければなりません」「彼の評価は時代背景や医学水準、社会状況などを総合的に判断して行わなければならず、その判断は分かれるところです」という説明がなされていた。強制隔離が間違っていたことは否定できないが、現在の高みに立って全面否定することもできないという相矛盾した評価がうかがえた。

神谷美恵子《かみやみえこ》（一九一四〜七九）に関する展示もあった。

神谷は一九四三年に長島を訪れ、初めて光田に会った。「光田健輔先生という偉大な人格にふれたことが、その後の一生に影響をおよぼしている」(「らいと私」、『神谷美恵子著作集2 人間をみつめて』、みすず書房、一九八〇年所収)と述べるほど、その出会いは決定的であった。

一九五七年から七二年まで、神谷は精神科医として、兵庫県芦屋《あしや》の自宅から片道五時間あまりをかけて、長島愛生園まで通い続けた。六六年に出版され、皇太子妃(現上皇后)にも影響を及ぼした『生きがいについて』は、愛生園での医師としての体験に根差した作品であった。七九年に死去したが、園内には遺金によって「神谷書庫」が設けられ、ハンセン病関連の文献が収蔵された。

しかしジャーナリストの武田徹《たけだとおる》は、神谷の姿勢をこう批判している。

本人の意志とは無関係に神谷もまた「社会的貢献」をしている。神谷の生きがい論が療養所をふたたびユートピアとして描いたため、隔離政策を省みる真摯《しんし》なまなざしの成立が遅れた事情は否めない。(『「隔離」という病い　近代日本の医療空間』、中公文庫、二〇〇五年)

療養所をユートピア=良き場所と見なす点において、神谷美恵子の視点は光田健輔に通じるとしたわけだ。

実際に神谷は、光田に対する批判が強まってからも、「いったい、人間のだれが、時代的・社会的背景からくる制約を免れうるであろうか。何をするにあたっても、それは初めから覚悟しておくべきなのであろう」（「光田健輔の横顔」、前掲『神谷美恵子著作集2』所収）と述べるなど、光田を擁護し続けた。けれども展示には、神谷のそうした側面については触れられていなかった。

館内の見学を一通り終えてから、受付談話室で学芸員の田村朋久《たむらともひさ》さんに面会した。私は田村さんに、見たばかりの印象を率直にぶつけてみた。

――光田健輔に関する説明文は、ちょっと矛盾していると言いますか、評価を避けているような苦しい文章になっていますが、これはなぜなのですか。

「光田が園長だった時代には、光田派の患者と反光田派の患者がいました。いまでは強制隔離が間違っていたことがわかっていますが、当時は社会の差別や偏見が強く、患者のなかには差別や偏見を耐え忍んだまま一生を過ごすよりも、自然豊かな愛生園で生活の保障を受けられるほうを望む人たちがいたこともまた確かです。そうした人々から、光田は感謝されていたのです。説明文には、光田派の患者もいたという事実が踏まえられています」

――しかし、光田が進めた「無らい県運動」は、ハンセン病が恐ろしい急性伝染病だという誤った情報を広めることで、差別や偏見を一層強めてしまいましたよね。彼は病理学者として、ハンセン病がきわめて伝染力の弱い病気であることを知っていたはずなのに、真逆なことをした。しかもプロミンが開発されてからも、強制隔離を改めようとしなかった。もし戦後直ちに過ちを認めていれば、差別や偏見は薄まったのではないでしょうか。

田村さんがうなずいた。私は話題を変えた。

――入所者数が百六十一人となり、平均年齢が八十五歳ということは、近い将来、入所者がいなくなることも予想されます。そのとき、長島愛生園はどうなるでしょうか。

「人権教育の場として残すべく、世界遺産の登録を目指しています。現在でも、歴史館には年間一万二千人が訪れています。四割が学校関係者です。世界遺産に登録されれば、この数はもっと増えるはずです」

長島愛生園は、後世にきちんと記憶されなければならない負の歴史をもっている。その歴史を伝える建物や施設もきちんと保存されている。世界遺産登録をひそかに応援したい気持ちになった。

下

長島愛生園の見学を終えた私たちは、この日（二〇一八年八月二十日）の宿泊地である広島に向かうことにした。

午後四時過ぎ、歴史館の前にタクシーが現れた。往路のときと同じタクシーであった。邑久長島大橋で車を停めてもらう。改めて橋の下を見てみると、海というよりはむしろ川のようだ。この橋ができるまでは、赤穂線の日生《ひなせ》駅に近い日生港から船が出ていた。神谷美恵子も山陽本線と赤穂線を乗り継ぎ、日生からは船に乗って長島愛生園に通った。いまでは車でこの橋を渡って本州側から通う職員もいるという。

世界遺産に登録されれば、バスが増えたり日生からの船が復活したりするなど、交通の便は改善されるに違いない。タクシーだと邑久駅から愛生園まで五千円あまり。往復するだけで一万円以上もかかる。これでは、行きたくてもおいそれと行くことができない。

邑久を17時8分に出る赤穂線の下り電車に乗り、岡山に17時40分着。17時43分発の「みずほ607号」に飛び乗ることができたため、広島には18時17分に着いた。久しぶりに降りた広島駅は南北の自由通路ができていて、戦前の面影を残していた、入口と出口が別々に離れた在来線の改札口もなくなっていた。南口に面した路面電車（広島電鉄）の乗り場だけが変わっていなかった。

タクシーで市の中心部のホテルに移動する。いったん荷物を預けてから、ビルのなかにお好み焼き店が集まっている近くの「お好み村」で夕食をとることにした。

七月の豪雨災害で広島の観光客は減っていると聞いていたが、その影響を全く感じさせないほど、どの階も客でにぎわっていた。外国人の姿も目立つ。長島愛生園からこういう空間に迷い込むと、いかにも俗世に戻ってきたような気分になる。神谷美恵子が「悩みの現世から長島に向かうことを「別の世界におどり出た」と記したのもわかるような気がしてきた（「島日記から」、『神谷美恵子著作集2　人間をみつめて』、みすず書房、一九八〇年所収）。

たまたま席の空いていた店に入った。コの字形をしたカウンターに客が並んで座っている。店員は男女合わせて二人いたが、若い男性のほうは見習いらしく、年上の女性に注意されながら手伝っている。事実上一人がまとめて作っているせいか、かなり待たされた。作り方もぞんざいで、広島風お好み焼きならではの食感に欠け、挟まっているそばも固まっていた。黙っていても客が集まってくる環境にあぐらをかいているとしか思えなかった。

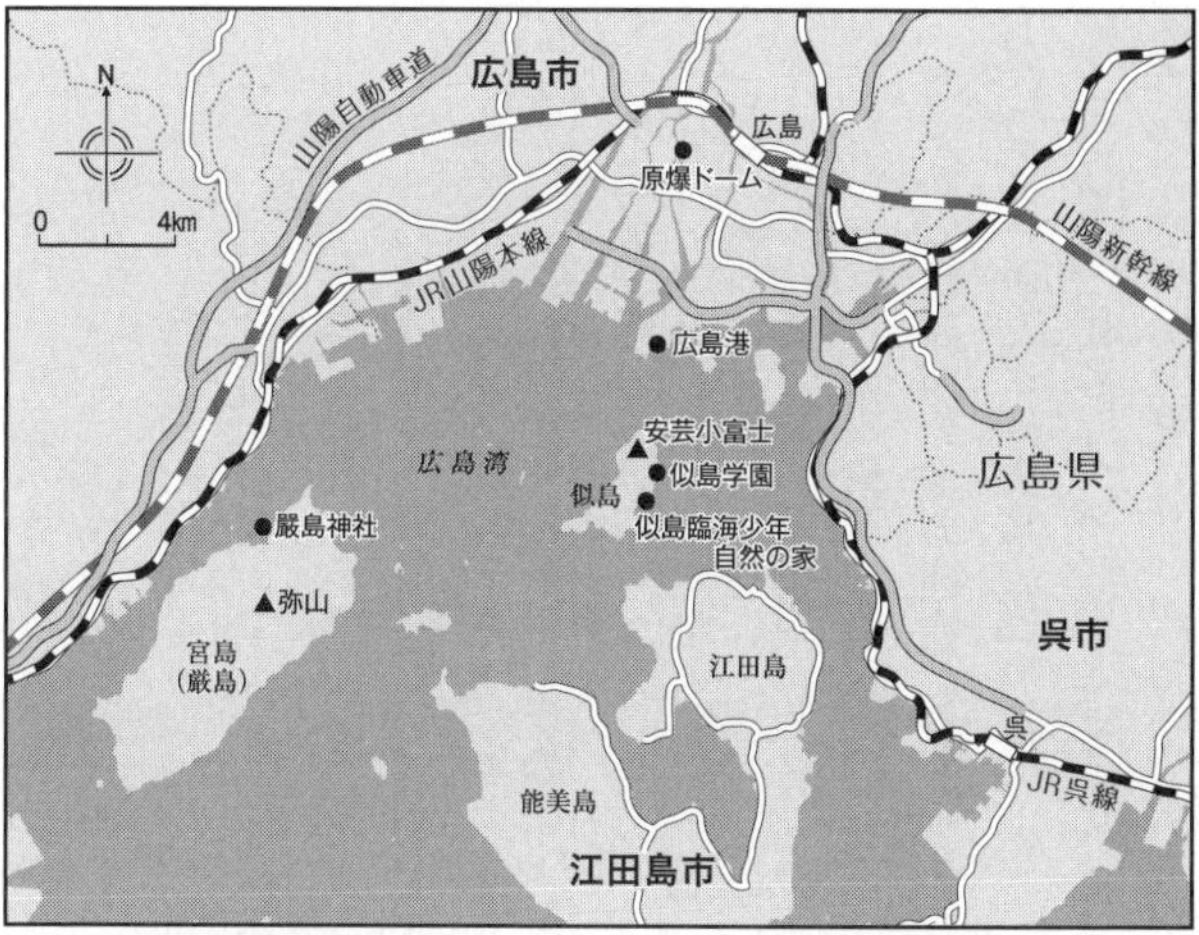

陸軍検疫所のあった似島周辺図（広島県広島市）

翌朝、ホテルの朝食はバイキング形式だった。さすがは広島と言うべきか、専門の料理人がていねいにお好み焼きを作っている。しかも食べやすい大きさに切ってくれている。思わず一切れ取って食べてみた。その瞬間、ふわっとした食感が口の中いっぱいに広がった。

午前八時四十五分、私たちはタクシーで宇品の広島港へと向かった。路面電車の終着駅である広島港は、似島のほか宮島、江《え》田島《たじま》、能美《のうみ》島《じま》や愛媛県の松山《まつやま》に向かう船の一大ターミナルでもある。

島までの往復運賃は乗船するときに払えばよいので、船着き場でしばらく待つことにする。三キロあまり沖合には、標高二百七十八メートルの安芸小富士《あきのこふじ》をシンボルとする似島が見える。思ったよりも間近に感じる。よく晴れていて、前日よりも蒸し暑い。並んでいる人たちを見ると、自転車を持っている人が多い。七月の豪雨災害では似島も被害が大きかったせいか、ボランティアらしき人たちもいる。「お好み村」にいたような観光客の姿は、ほとんど見かけなかった。

9時30分、似島ゆきのフェリー「第十こふじ」が広島港を出港する。広島港と似島を結ぶフェリーは上下各十三便あるが、これは第四便であった。

広島湾は鏡のように穏やかで、揺れはほとんど感じず、滑るがごとく進んでゆく。対岸の広島市から呉市にかけての山々は豪雨の爪痕《あと》が痛々しく、山肌をえぐる土石流の跡がいくつも筋状に延びている。

似島が迫ってくると、カキの養殖イカダがやたらと目につく。長島よりも明らかに数が多い。フェリーはイカダをかき分けるようにして島の東部の沖合を進む。検疫所がつくられたのは、もっぱら島の東部であった。

海岸沿いに赤い屋根の建物が見えてきた。原爆孤児のために一九四六（昭和二十一）年九月に開設された民間児童養護施設「似島学園」である。原爆の日に当たる六〇年八月六日、現上皇は皇太子として平和記念式典に出席してから似島学園を日帰りで訪れ、子どもたちの徒手体操や合奏を見守り、激励の言葉をかけている。

9時50分、フェリーは似島学園前の桟橋に着いた。
宮崎佳都夫《みやざきかずお》さんが待っている。渡された名刺には「似嶋住民（ピースボランティアガイド）」とあるが、いただいた論文の抜刷を見て驚いた。似島連合町内会郷土史編纂《へんさん》委員会編『似島の口伝と史実1　島の成り立ちと歩み』（似島連合町内会、一九九八年）に収められた「陸軍似島検疫所と厚生省広島検疫所」と「軍との係わりと平和への道」。どちらもA4で五十頁近くもある。図表や写真、原資料などがふんだんに使われ、明治以降の似島の歴史が詳細に論じられている。肩書とのギャップの大きさに面食らってしまった。

宮崎さんの横に一人の女性がいた。ボランティアのためにわざわざ大阪からやって来たHさんだ。私たちが似島を訪れると聞いて、歴史の勉強をしたいがために同行するという。全く違和感がなかったので、てっきり宮崎さんの助手だと思い込んでしまった。

宮崎さんのワゴン車に乗せてもらい、まずは似島学園を外から見学する。日清戦争の勃発《ぼっぱつ》に伴い、一八九五（明治二十八）年に建設された陸軍似島検疫所（後の第一検疫所）があったところである。

検疫所は消毒所、検疫隊兵舎、停留舎、疑症舎、快復室、病院事務所、隔離病舎に分かれていた。中心となる消毒所は待合所、脱衣所、浴場、熱気消毒所など合わせて十六棟からなっていた。

消毒所を中央より■（一字不明）して一方を未消毒者及び未消毒物の置場並びに通路等となす、即ち未消毒者と既消毒者及び不潔物と清潔物とは如何《いか》なることあるも混合するを許さず否な混合し能《あた》はざる様構造せられたる者にして消毒浴場の如きも右側即ち未消毒者の通路より入りて身体を洗滌《せんでき》し消毒し、左側なる既消毒者の通路に出《い》づるなり、又熱気消毒の如きも右側の口より未消毒物を入れて熱気に掛け消毒了《を》はれば左側の既消毒物出し口より出すなり（『芸備日日新聞』一八九五年五月十三日）

消毒所内は、未消毒者と既消毒者がごちゃまぜになることがないよう、細心の注意が払われた。熱気消毒所には煉瓦《れんが》製の蒸気釜《がま》が四個備えられ、十二分間に五十人の衣服を消毒することができた（『広島衛生医事月報』第八十二号、一九〇五年所収）。日清戦争終結直後の一八九五年六月から十月にかけて、ここに事務官百余名と医官を含む軍人百五十名、作業員二百名ほどが配置され、全部で十四万人もの帰還した兵士の検疫を行ったのである。

似島学園の開設に伴い、検疫所は姿を消したが、園内に後藤新平の銅像が建っていた。その横にはプールがあり、先生に指導されて子どもたちが泳いでいる。たとえ原爆孤児がいなくなっても、児童養護施設としての役割は終わっていないことを実感させられる。

検疫所の桟橋跡。未消毒者の上陸用、既消毒者の乗船用に分かれていた

ワゴン車を降りると、クマゼミの蟬時雨が聞こえてきた。長島のツクツクボウシと比べると暑苦しく聞こえる。宮崎さんに案内されて海岸を見ると、二つの桟橋が海に向かって突き出ている。一方が上陸用の桟橋、他方が検疫終了後の乗船用の桟橋だという。

検疫所内の消毒所同様、未消毒者と既消毒者を分けるために桟橋も二つあったわけだ。患者用の桟橋と職員用の桟橋が分かれていた長島愛生園と似ていなくもないが、すでに百二十年以上にわたって風雨にさらされてきたせいか、かなり朽ちている。「ちゃんと保存しないといけないと思います」。宮崎さんの言葉に私もうなずいた。

再びワゴン車に乗り、岸壁ぎりぎりの道を南に向かって進んでゆく。道は車一台がやっと通れるほどの狭さだ。前方に江田島が見える。似島は広島市南区に属しながら信号もバスの便もないが、海軍兵学校（現・海上自衛隊第1術科学校）があった江田島は似島よりはるかに大きく、島全体が一つの市（江田島市）になっている。

広島市の集団宿泊施設「似島臨海少年自然の家」の前でまた降りる。日露《にちろ》戦争の勃発に伴い、一九〇四（明治三十七）年十月に第二検疫所が開設された場所に当たる。日露戦争は日清戦争に比べて戦争の規模が大きく、帰還する軍人や軍属の数が桁《けた》違いに多かったため、もう一つの検疫所が必要とされたのである。

第二消毒〔検疫〕所は約二万坪の敷地に第一検疫所のごとく蒸汽消毒釜二個および大小数十の建築物を設けありこの宏大《こうだい》なる建物に収容し得べき人員数は停留舎八千百余人、真症室六百余人、疑症室四百余人、ペスト病室五十余人、総計九千百五十余人にして消毒検疫力は一昼夜無休息の作業にて八千人に対する力を有す（前掲『広島衛生医事月報』第八十二号）

日露戦争後に検疫を受けた兵士の数は、第一検疫所と合わせて六十六万人に達した。このうちロシア人捕虜は約二千四百人で、検疫所内に俘虜《ふりょ》収容所が設置された。第一次世界大戦ではドイツ人の捕虜も収容されている。これ以降、シベリア出兵や満洲《まんしゆう》事変、日中戦争、太《たい》平洋《へいよう》戦争でも似島検疫所は検疫業務を続けている。

宮﨑さんによると、一九八四（昭和五十九）年に似島臨海少年自然の家ができるまではまだ検疫所の建物が残っていたが、すべて撤去された。開設当時の建物がいくつも残っている長島愛生園とは対照的である。

それでも似島学園同様、上陸用の桟橋と検疫終了後の乗船用の桟橋が残っていた。

将兵が踏む故国の第一歩はこの白い砂地であった。

彼らは数十名ずつ消毒所に導かれ、広いタタキに並ぶ簀《す》の子板の上で裸になり、各人の前に置かれた赤と白の袋に装具と衣服を区別して収める。これらの袋は簀の子板の列と並行して走るトロッコで、壁際に並んでいる巨大な消毒機に収められる。

裸の将兵は次の浴場に導かれ、最初に昇汞《しようこう》水の消毒槽に一定時間つかり、次いで真水の湯にゆっくり入って野戦の垢を流す。

風呂《ふろ》からあがると、前をかくすための褌《ふんどし》の前垂れだけしかついていないのを渡され、広い板の間に整列して検疫を受ける。顔、上半身を検疫官である軍医が見てまわる。次いで、〝褌、右へ〟ということだけの号令がかかり花柳病の検査を受け、次いで両手を床についてフ尻《しり》をつきだし直接採便をうけて、検疫が終わる。その後、検疫所独特のデザインの浴衣《ゆかた》を着て、次に並んでいる大広間にくつろぎ、似島乙女の供応によって温かいぜんざいが振舞われる。

その間に消毒が終わって、将兵は別な便で広島へ送られ、帰国第一夜を迎える。

ところが、そのなかに一人でも伝染病やその疑いのある者が見つかると大変なことになる。患者は直ちに裏手にある検疫所付属病院に収容され、同船したものはすべて島にある臨時の宿舎に十日ないし二週間缶詰めにされる。(『似島原爆日誌―若き軍医の回想録』、汐文社、一九八六年)

これは、一九四五(昭和二十)年六月に軍医として似島の第二検疫所に配属された錫村《すずむら》満《みつる》が、検疫の模様を回想した文章である。どのようにして消毒が行われたかがよくわかる貴重な記録になっている。

兵士が伝染病にかかっていなければ消毒だけで終わるが、患者が一人でもいれば隔離され、同船したすべての兵士が島に足止めになる。しかし、太平洋戦争末期のこの当時、戦地から帰還して検疫を受ける兵士の数は多くなく、病舎や停留舎でも空室が目立っていた。

第二検疫所の運命を大きく変えたのは、四五年八月六日午前八時十五分に広島に落とされた原爆であった。その瞬間のことを、錫村は「眼の前にそびえる安芸小富士の右肩に、見たこともないほど巨大な火柱が垂直に立った」（同）と述べている。検疫所は安芸小富士の山陰にあったことが幸いして被害はほとんどなかった。

まもなく数隻の船が岬の突端をまわって現れ、先を争うように白い波をけたてながら、検疫栈橋に近づいてくる。

先頭の四隻が二本の栈橋に到着すると、甲板の上に真っ黒のギラギラ光る得体の知れぬ塊が盛りあがり、それが栈橋の上に移り、藤村〔享・衛生部見習士官。引用者注。著者本人の仮名〕たちに向かって濃い重油の塊のように真っ黒の塊になって陽に照らされながら動いてきた。

それは全身真っ黒焦げに焼け、あらゆる部位がはちきれそうに腫《は》れあがった全裸に近い人々の群れであった。（同）

このとき、落とされた爆弾が原爆だったことを知っていたのは、錫村を含めて誰もいなかった。しかし結果として、放射線を浴びた被爆者を直ちに似島へ搬送したことは、日清戦争以来、「外」から持ち込まれる伝染病を隔離することで「清浄なる国土」を守ってきた似島の歴史的役割と決して無関係ではなかったと思われる。

似島には、一万人とも言われる被爆者が搬送された。空いていた病舎や停留舎は被爆者で一杯になり、検疫所は野戦病院へと早変わりした。錫村は、敗戦前後の一カ月間にわたって治療にあたることになる。

宮﨑さんが、馬匹検疫所焼却炉を案内してくださった。馬匹検疫所というのは軍馬の検疫や消毒を行うための施設で、第二検疫所よりも約六百メートル南側にあった。この焼却炉が、似島で亡くなった被爆者の火葬に使われた。馬匹検疫所は市営住宅や小中学校となり、焼却炉の一部が臨海少年自然の家の敷地内に移されたのである。

次に案内されたのは、第二検疫所の井戸であった。周りを金網に囲まれていて立ち入りができないが、特別に鍵《かぎ》を開けていただき、井戸のなかをのぞき見ることができた。水は青みがかっているものの澄んでいる。

この水が被爆者の救護にも使われた。錫村は、「たぶん涸《か》れていると思いながらポンプを押すと、数回スカスカといった後、水が出てきたので、一回分の水を両掌にうけては口をすすぎ、顔を洗った」（同）と述べている。

四七年には、島内の遺骨約千五百体を発掘、収集して「広島市戦災死没者似島供養塔」と記した白木の墓標が立てられた。いわゆる千人塚である。この年から五五年まで、毎年ここで慰霊祭が行われた。五五年に広島平和記念公園内に原爆供養塔が建立されたのに伴い似島供養塔は廃止されたが、宮﨑さんに案内されて供養塔があったあたりに行ってみると、うっそうとした茂みのなかにバラバラになった白木が放置されたままになっていた。

丹下健三《たんげけんぞう》（一九一三～二〇〇五）が主に設計した広島平和記念公園は、園内に資料館や原爆死没者慰霊碑、供養塔などが整然と配置されている。その向こうに見える原爆ドームを含めて、観光地としての色づけがなされている。ところが似島には、そうした色づけがほとんど感じられない。観光地として整備されていないのだ。だからこそかえって、原爆の生々しい傷痕がここを訪れる者の肺腑《はいふ》を深くえぐるのである。

七一年十～十一月には、似島中学校のグラウンドで推定五百十七体もの遺骨が発掘された。馬匹検疫所があったところだ。これだけの遺骨が出てきたことは、焼却炉で被爆者の遺体を火葬するだけでは足らず、穴を掘って土葬された遺体が多かったことを暗示していた。

衝撃を受けた作家の大庭《おおば》みな子《こ》（一九三〇～二〇〇七）は、似島を訪れ、遺骨が発掘された現場に立った。

それはこの世のものではない地獄の行進、えんえんと続く、わたしの中で決して死に絶えることのない、永遠に生きつづける、それどころか年月をあらたにすると、不気味に

炎の色を変えて燃えつづける人間の業火といった記憶である。(「されこうべの呻く似島」、『潮』一五六号、一九七二年所収)

大庭は、賀茂《かも》高等女学校(現・広島県立賀茂高校)に在学していた四五年八月末から広島市内に救援隊として入り、惨状に強い衝撃を受けた。似島で聞いた話は、二十六年前の記憶を彼女にまざまざと呼び起こさせたのだ。七二年十一月には、現場の近くに慰霊碑が建てられた。

その後も一九九〇(平成二)年、二〇〇四年と発掘調査が行われるたびに遺骨や骨片や遺品が発見された。このため慰霊碑のすぐ横に「慰霊の広場」が整備された。しかしここには、七月の豪雨災害で出た大量のガレキが山となっていた。宮﨑さんも、「何もこんなところにガレキを集めなくてもいいんだけどな」とあきれていた。

ワゴン車のなかは冷房が効いているが、外に出ると日蔭はあまりなく、夏の昼間の強い日差しにさらされる。陽光の強さと、この島の歴史の重みに押し潰《つぶ》されるような感覚に襲われ、頭が朦朧《もうろう》としてくる。

検疫所の建物自体はなくなったとはいえ、原爆という戦争の痕跡《こんせき》はそこかしこに残っている。しかもまだ多くの遺骨が似島には眠っているのだ。この島に住むということは、完全に

慰霊碑。終戦直前、似島に移送されて亡くなった被爆者を弔っている

明かされることのない過去と日々向き合うことではないのか。二十年以上も前からこの島の歴史を研究しながら学者を気取らず、ただ「似嶋住民」としか名乗らない宮崎さんを見ていると、そんな気がしてくる。

似島港を13時に出るフェリーに乗るため、ワゴン車で島の西部に移動する。途中に大規模な土砂崩れが起こり、山肌があらわになっている箇所があった。一方、海側の景色は西部に出るとがらりと変わり、江田島の代わりに宮島（厳島）が現れる。安芸小富士よりはるかに高い標高五百三十五メートルの弥山《みせん》が、神々しく見えてくる。

島の西部には東部のような戦争遺跡は全くない。民家が建ち並び、合同庁舎や商店、郵便局、農協などが集まっている。そこには一見、瀬戸内海に浮かぶ多くの離島に共通する、穏やかな日常風景しかない。

瀬戸内海で戦争遺跡が保存された島としては、ほかに同じ広島県の大久野島《おおくのしま》がある。陸軍がひそかに毒ガスを製造し、地図からも消されたこの島は、いまでは約七百羽が生息する「ウサギの島」として有名になり、イメージがすっかり変わってしまった。ウサギの映像はネットで拡散され、海外からも観光客が押し寄せるようになった。

長島や似島は大久野島とは違う。観光客を全くと言っていいほど見かけないからだ。誤解を恐れずに言えば、(似島臨海少年自然の家のような施設もあるにせよ)通りすがりの観光客を拒絶しているようにも見えた。長島に外を出歩く人の姿はなく、似島で地元住民以外に目につくのは、Hさんのような災害ボランティアであった。

だがどちらの「島」にも、近代国家が生み出した負の歴史が凝縮されている。瀬戸内海のほかの島々と変わらない観光の島となり、歴史が忘却されることがあってはならないのだ。近代の「衛生」思想と前近代以来の「浄穢《じょうえ》」思想、そして「浄」のシンボルである天皇や皇太后が結び付いた二つの島の歴史は、これからも静かに語り継がれてゆかねばなるまい。そうした確信を強く抱いた。

第四景「麓」と宗教

上

日本で代表的な宗教都市といえば、天理《てんり》教の本部がある奈良県天理市や、金光《こんこう》教の本部がある岡山県浅口《あさくち》市（旧・金光町《こんこうちょう》）などがすぐに思い浮かぶだろう。ＪＲ桜井《さくらい》線の天理駅には、ふだん使われない信徒の団体専用ホームまである（ＪＲ山陽《さんよう》本線の金光駅にも団体専用ホームがあったが、現在は撤去されている）。

これらはいずれも、明治以降に西日本で発展した新興宗教にほかならない。江戸《えど》時代にまでさかのぼれば、より多くの庶民が集まる宗教都市が東日本にあった。富士山麓《ふじさんろく》の上吉田《かみよしだ》、現在の山梨県富士吉田《ふじよしだ》市である。

古来、富士山は霊峰として信仰の対象になってきたが、江戸時代になると富士講と呼ばれる民間信仰が盛んになり、江戸末期には「江戸八百八町に八百八講」と言われるほど庶民の間に広がった。上吉田の町には自宅を宿泊所として提供し、富士信仰を広める役割を果たす御師《おし》の家々が並ぶようになった。ここに泊まった信者たちは、翌朝に富士山の神とされたコ

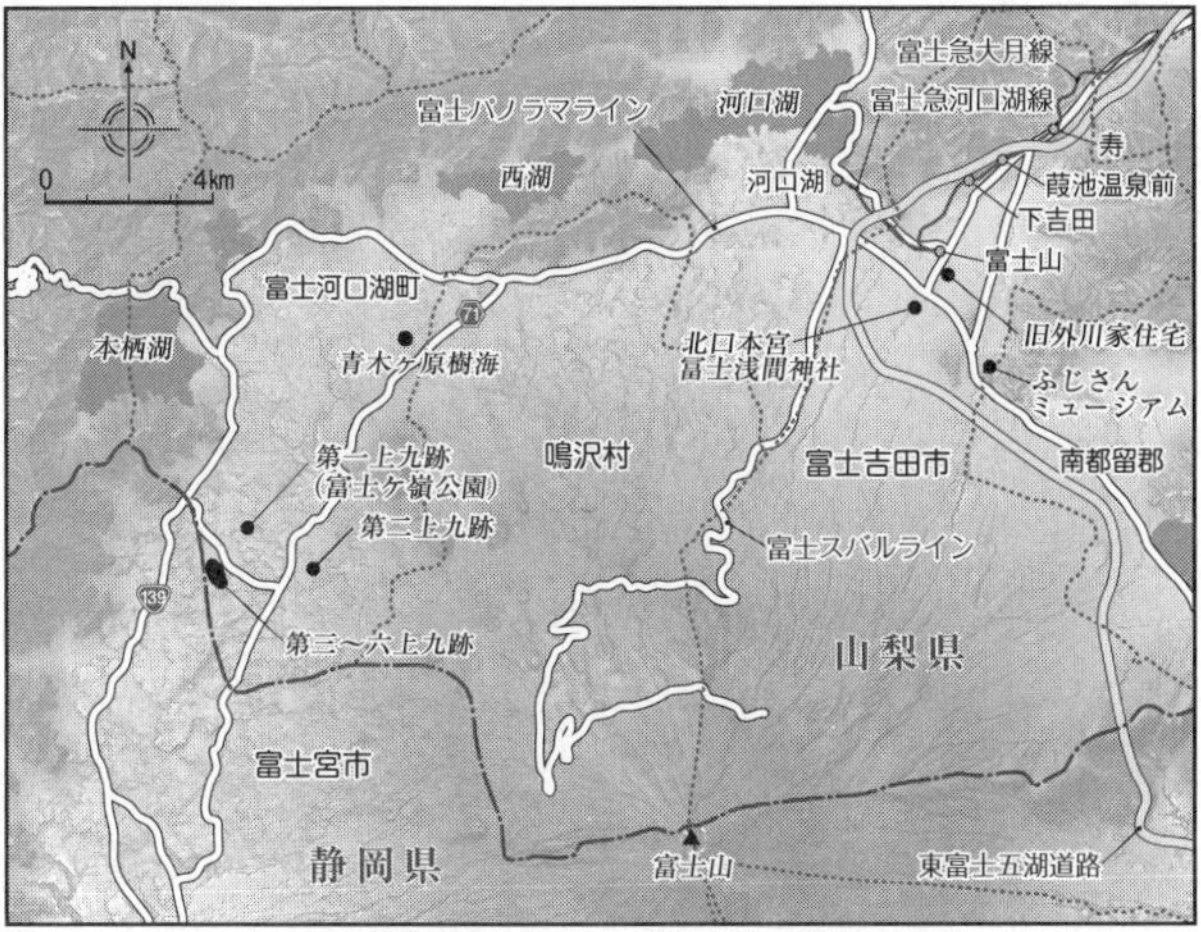

富士山北麓周辺図。富士山麓は宗教都市だった

ノハナサクヤヒメ（木花開耶姫命《みこと》）をまつる北口本宮冨士浅間神社《きたぐちほんぐうふじせんげんじんじゃ》に参拝し、山頂を目指した。

彼らの目的の一つは、山頂で「御来光」を拝むことにあった。山頂には極楽浄土があり、登頂すれば罪やケガレが祓《はら》われ、生まれ変わると信じられていた。彼らにとって、富士山とは単なる仰ぐべき山ではなく、たとえどれほどの困難が伴おうと登頂すべき山だったのだ。

明治以降、富士山は桜と並んで、日本という国家のシンボルとして浮上する。一九二九（昭和四）年に鉄道省が東京―下関《しものせき》間を走る特急の愛称名を初めて募集したとき、第一位となったのは「富士」であった。

戦中期の一九四二（昭和十七）年には、

日本建築学会が開催したコンペ「大東亜《だいとうあ》建設記念営造計画」に出品した丹下健三《たんげけんぞう》の「忠霊神域計画」が、第一位を獲得している（井上章一『戦時下日本の建築家　アート・キッチュ・ジャパネスク』、朝日選書、一九九五年）。これは、「日本の最も崇高なる自然である富士の裾野《すその》」に戦死者を英霊としてまつる忠霊塔をつくり、東京と道路で直結させるというものであった。

この年、吉田口（北口本宮冨士浅間神社）からの富士登山者数が初めて二十万人を超えている。明治以前の富士講と戦中期に高揚したナショナリズムがあいまって、空前の人出となったのである。

戦後になると、登山者数はいったん減少する。しかし登頂しなくても、美しい富士山の山容は古くから人々にさまざまな宗教的インスピレーションを呼び起こしてきた。計画倒れに終わった「忠霊神域計画」もその一つといえようが、山梨県から静岡県にかけて、背後に富士山を望む「麓《ふもと》」に多くの宗教団体が集まり、本部や道場や施設を置いてきたことからも、このことは明らかだろう。

信仰は時として狂信となり、とてつもない災厄をもたらすことがある。最もよく知られているのは、静岡県富士宮《ふじのみや》市に富士山総本部を置き、山梨県西八代《にしやつしろ》郡上九一色《かみくいしき》村（現・富士河《ふじかわ》口湖《ぐちこ》町《まち》）に施設を建設したオウム真理教だろう。

八九年から上九一色村に進出したオウム真理教は、富士山を望む富士ヶ嶺《ふじがね》地区に「第一上九」から「第七上九」まで七つの拠点をつくり、サティアンと呼ばれる出家信者を収容する施設やサリン製造工場、倉庫などを配置した。九五年三月二十日に起こった地下鉄サリン事件では、ここで製造されたサリンが使われた。

その二日後、サティアンで警視庁の強制捜査が行われ、教団の幹部が次々と逮捕された。同年五月十六日には、グルと呼ばれた教祖の麻原彰晃《あさはらしょうこう》（一九五五〜二〇一八）が、第6サティアンで逮捕されている。

サティアンはことごとく取り壊され、現在では何も残っていない。富士講は廃れてもなお博物館が建てられ、御師の家が保存されるなど、信仰が盛んだった時代をしのぶことができるのとは対照的である。

静岡県富士宮市の大石寺《たいせきじ》もまた富士山麓にある。「多宝富士大日蓮華山《たほうふじだいにちれんげさん》」を山号とする日《にち》蓮正宗《れんしょうしゅう》の総本山であり、正応《しょうおう》三（一二九〇）年に日蓮（一二二二〜八二）の高弟六老僧の一人、日興《にっこう》（一二四六〜一三三三）により開創された。身延山久遠寺《みのぶさんくおんじ》を総本山とする日蓮宗同様、日蓮を宗祖とするが、日蓮宗が日蓮を「日蓮聖人《しょうにん》」と呼ぶのに対して、日蓮正宗は「日蓮大聖人《だいしょうにん》」と呼んで区別している。

大石寺への参詣者数が激増するのは、創価学会《そうかがっかい》が日蓮正宗の最大の信徒組織へと発展した戦後になってからだ。第二代会長の戸田城聖《とだじょうせい》（一九〇〇〜五八）が、一九五〇年代前半から「月例登山」（登山は参詣を意味する）を奨励し、学会員がこぞって参詣するようになった。

さらに第三代会長の池田大作《いけだだいさく》（一九二八〜）は、大石寺の境内に「大御本尊」を安置するための正本堂《しょうほんどう》を七二年に完成させる。だが巨大化した創価学会は、九一年に日蓮正宗から破門され、九八年には正本堂も解体された。

施設が解体されたり、信者が来なくなったりする教団がある一方で、新たに本部を富士山麓に構え、世界中の信者を呼び寄せる教団もあった。九八年には、「世界人類が平和でありますように」と書かれたピースポールで知られる白光真宏会《びゃっこうしんこうかい》が、本部を千葉県市川《いちかわ》市から、オウム真理教の富士山総本部があったのと同じ地区の富士宮市人穴《ひとあな》に移している。白光真宏会はここを「富士聖地」と称し、一年を通してしばしば大きな行事を開催している。

なぜ、富士山に吸い寄せられるようにして、さまざまな教団が集まってくるのか。麻原彰晃や池田大作をはじめとする教団の指導者たちは、富士山をどのように見ていたのか——本章では「麓」と宗教の関係を探るべく、富士吉田市の富士講を振り出しに、旧上九一色村のオウム真理教、富士宮市の白光真宏会と日蓮正宗という順番で、富士山の山容を眺めつつ、山の北側から西側にかけての「麓」に点在する施設やその跡を車で回ることにした。

二〇一八年十月二十九日月曜日、快晴である。小林順編集長が運転する車は、中央自動車道を西に向かっている。それとともに、富士山がどんどん大きく見えてくる。七合目あたりまで雪に覆われた山容が青空に映えている。

河口湖インターで降り、富士パノラマラインを経由して「ふじさんミュージアム」を訪れる。正式名称は「富士吉田市歴史民俗博物館」である。富士講について知るためには、まずはこの博物館を見学する必要があったからだ。寒くはなかったものの、周辺の木々はすでに半分ほど紅葉していて、朝晩の冷え込みを実感させられる。

富士講の展示はとても充実していた。だが肝心の客がいない。富士急行の富士山(もとの富士吉田)駅からも遠く、バスの便も少ないことが災いしているのだろうか。しかも富士講の実態を知ることができ、ミュージアムの付属施設にもなっている御師の家(旧外川《とがわ》家住宅)は、ここから離れている。

見学を早々に切り上げ、車で富士パノラマラインを戻って富士吉田市の中心、上吉田に向かう。江戸時代に富士講の信者であることを示す白装束の行者が街道を埋めつくし、街道の両側に御師の家々が所狭しと並んでいた宗教都市の面影は、なおも残っている。旧外川家住宅もそうした家々の一つで、重要文化財に指定されている。

赤い屋根の中門をくぐると、細い水路を渡る。富士山の伏流水のせいか水は透きとおり、勢いよく流れている。ここには小さな滝がつくられ、外川家に宿泊した行者たちが水垢離《みずごり》を行う禊場《みそぎば》となっていたようだ。

靴を脱いで母屋に上がる。明和《めいわ》五（一七六八）年築の建物で、上吉田に現存する家々のなかでも古いほうに属する。ここに行者が宿泊していたが、廊下を介して万延《まんえん》元（一八六〇）年に裏座敷ができると、母屋は家族生活の場となり、行者は裏座敷に泊まるようになった。裏座敷には、御師の家に特有の「御神殿《ごしんでん》」と呼ばれる場所があった。コノハナサクヤヒメなど富士山の神霊をまつる神殿が設けられ、行者たちが神前に座り、祝詞《のりと》や御神歌を唱和した。御師の家は、宿泊施設であるとともに宗教施設でもあったことがよくわかる。

正午には少し早いが、旧外川家住宅から比較的近い「桜井うどん」で昼食をとることにする。

山梨県の大学に三年間勤めていたことがあるので、この県の麺《めん》文化にはなじみがある。全県で広く食べられているのは、小麦粉を主材料として季節の野菜を加え、味噌《みそ》で煮込んだ「ほうとう」で、甲府《こうふ》盆地やその周辺には蕎麦《そば》屋も多い。一方、富士吉田では織物産業が盛んだった昭和初期から、機械を動かしている女性に手間をかけさせないよう、男性がうどんをつくっていた。富士講の信者にも、登山前に「湯盛りうどん」を振る舞っていたという。

まだ昼前なのに、「桜井うどん」の店内はにぎわっていた。メニューらしきものはなく、温かいうどんか冷たいうどんのどちらかを選べという。温かい方を注文すると、きざんだ油揚げと、ネギの代わりにキャベツが薬味として盛られたうどんが運ばれてきた。

手打のうどんは角張っていてコシが非常に強い。シンプルにして味わいがある。値段もわからず食べたが、これで四百円だという。あまりの安さに驚く。

よく見ると、キャベツを別皿で注文している客や、「替え玉」を注文している客がいる。メニューがないから、そんなことができるとは知らなかった。きっと地元の常連客なのだろう、背広で正座しながら、「替え玉」を丼に流し込む男性の仕草に思わず笑ってしまった。

御師の家々が両側に並んでいた街道は、現在「富士みち」と呼ばれ、「金鳥居《かなどりい》」が立っている。鳥居の向こうには、富士山が鮮やかに見える。このロケーションは、行者たちの富士登山に対する思いをいやが上にも高めたに違いない。金鳥居は、富士山の「一の鳥居」であり、北口本宮冨士浅間神社の参道入口を示す鳥居でもあった。

樹齢数百年の杉並木と石灯籠《どうろう》に挟まれた浅間神社の参道を進み、木造では日本最大の鳥居とされる「冨士山大鳥居」をくぐり抜け、神楽《かぐら》殿や本殿を見学する。

三島由紀夫《みしまゆきお》の長編小説『豊饒《ほうじょう》の海』の第三巻『暁の寺』（新潮文庫、二〇〇二年）には、主人公の本多繁邦らがこの参道を歩く場面がある。「一行はついに高さ六十尺にちかい朱塗りの大鳥居に到り着き、これをくぐると朱の楼門の前に、高く積まれた汚れた雪が取り囲む神楽殿にぶつかった。神楽殿の軒の三方には七五三縄《しめなわ》が張りめぐらされ、高い杉の梢《こずえ》から、一条の歴々たる日ざしが、丁度床の上の白木の八朔《はつさく》台に立てられた御幣を照らしていた」。雪の季節にはまだ早いが、神社の光景そのものは変わっていない。

先に見た「ふじさんミュージアム」とは対照的に、境内は観光客でごった返していた。その多くは外国人だ。本殿の右手奥には、かつて行者が山頂を目指すために通った吉田口の登山門もあった。

富士山麓の鳴沢《なるさわ》村にある別荘に滞在していた武田百合子《たけだゆりこ》（一九二五〜九三）は、一九六六（昭和四十一）年一月三日、夫の泰淳《たいじゅん》、娘の花子《はなこ》とともに初詣《はつもうで》のため車で浅間神社に参拝したことを日記に書いている。

浅間神社の境内には雪がそのまま残り、小暗い参道を白装束の富士講が七、八人帰ってくる。鈴の音がひびく。（『富士日記』上、中公文庫、一九九七年）

このころにもまだ富士講の行者がいたことがわかる記述である。しかし、それから半世紀あまりが過ぎた現在、白装束に金剛杖と数珠《じゅず》をもち、菅笠《すげがさ》をかぶった行者の姿は見られない。いまや富士講は、博物館やその付属施設で往時をしのぶものになってしまったのだ。

北口本宮冨士浅間神社の冨士山大鳥居。木造では日本最大とされる

富士パノラマラインを西に進むと、富士吉田市から富士河口湖町を経て鳴沢村に入る。右手には河口湖や西湖《さいこ》が迫っているはずだが、住宅地や山々が邪魔をしていて見ることはできない。

ひばりが丘という交差点を左折し、山梨県道71号に入る。その途端に富士山が見えなくなり、右も左も一面の原始林に覆われる。青木《あおき》ヶ《が》原《はら》樹海に入ったのだ。行政区画上は鳴沢村から富士河口湖町にまた戻る恰好《かっこう》になる。

この樹海を抜けると、いよいよオウム真理教の施設が点在していた旧上九一色村の富士ヶ嶺地区へと到達する。

だが言うまでもなく、オウムの施設があった場所を具体的に示す看板は立っていない。二〇〇九年に一度レンタカーで富士ヶ嶺地区を訪れ、サティアンの跡を探したことがあったが、正確な場所は結局わからなかった。

ありがたいことに、いまではネットに「富士・上九廃墟《はいきょ》探訪 or聖地巡礼用地図」(http://www.geocities.co.jp/NatureLand/6149/geomap700.html。当時のURL。現在は移転している)が公開されている。これを見ると、どこにどういう施設があったかがつぶさにわかる。この地図を手掛かりに、まずは第2、3、5サティアンがあった「第一上九」の跡を目指すことにする。

第2サティアンはもともと麻原の家族が住んでいたところで、秘密地下室があり、死体を焼却し隠蔽《いんぺい》するための焼却炉が置かれていた。第3サティアンは作業所や物置、第5サティアンは印刷工場に相当した。

信号のある交差点を右折し、しばらく行くとさらに右折する。道はどんどん狭くなるが、舗装はされている。車の通行はなく、人の姿も全くない。

遠くで牛が放牧されている。目指す跡地は、富士ケ嶺公園という町立の公園になっていた。あずま屋とトイレがあるだけで、あとは一面の野原になっている。もはや一つの建物すら残っていないのに、ただの公園と呼ぶにはおよそ似つかわしくない空気が漂っている。

公園の片隅に慰霊碑が建っていた。

馬蹄《ばてい》形の石碑に「慰霊碑」とだけ刻まれていて、それ以外の説明文はない。碑の右隅には、

第２サティアンなどがあった第一上九跡。現在は公園になっている

「南無妙法蓮華経」と書かれた卒塔婆《そとば》が一本だけ立て掛けられている。左右には枯れかけた花が供えられ、その前にはラベルのないペットボトルが二本立っている。

　慰霊碑の後方には、澄み切った空をバックに富士山がそびえていた。視界をさえぎるものは何ひとつない。裾野から頂上にかけて稜線《りょうせん》がなだらかな弧を描き、圧倒的な存在感をもって迫ってくる。ただ富士吉田からすると南西方向に当たるせいか、雪の量はやや少なく見える。

　なぜオウム真理教は、この地にサティアンを建設したのか。麻原彰晃は、地下鉄サリン事件が起きる三カ月近く前の九四年十二月二十五日にこう述べている。

　　わたしたちの道しるべとなっている経典、

特に仏教の経典においては、未来を予知した予言的な経典が存在しています。この経典では「最終戦争は起きる。そしてそこから逃れた人がそののち、しっかりと法則を守り、戒律を守り、そして新しい人類を築くんだ」と説いています。では、どのような人が助かることができるのか。これはまず「山に逃げた人が助かる」と説かれています。しかも「岩間の陰等に隠れた人が助かる」と書かれています。まあ、こういう理由があってオウム真理教の道場が富士山周辺にあるとお考えになったら非常にわかりやすいと思います。

では、いったいなぜ、山に逃げたならば助かるのか。例えば原爆にしろそうだし、あるいは、他の爆薬兵器、細菌兵器もそうですが、そんなに広範囲に影響を与えるものではない。（中略）したがって、皆さんが現世を捨て、そして出家し、そして富士山周辺で暮らすならば、それだけでも皆さんが生き残る確率というのはかなり高くなるものではないかと考えられる。（『日出づる国、災い近し』、オウム、一九九五年）

麻原は、「仏教の経典」をもとに、世界最終戦争が近い将来に到来することを説いている。サティアンというのは、オウムの信者が世界最終戦争を生き抜き、「新しい人類を築く」ために建設されたというのだ。

仏教と世界最終戦争を結びつけた人物としてよく知られているのは、満洲《まんしゅう》事変を仕掛けた軍人の石原莞爾《いしはらかんじ》（一八八九〜一九四九）だろう。

法華経の熱心な信者であった石原は、一九四〇（昭和十五）年に発表された「最終戦争論」（四二年に『世界最終戦論』として新正堂から刊行）のなかで、「日本を中心として世界に未曾有《みぞう》の大戦争が必ず起る。そのときに本化上行《ほんげじょうぎょう》が再び世の中に出て来られ、本門の戒壇を日本国に建て、日本の国体を中心とする世界統一が実現するのだ」という日蓮の予言をもとに、世界最終戦争が「数十年後に切迫している」とした。麻原の言葉は、石原の「最終戦争論」を下敷きにしているように見えるのだ。

しかし他方、麻原は第三次世界大戦を意味する言葉として、ハルマゲドンという言葉も使っている。この言葉は「仏教の経典」ではなく、『新約聖書《しんやくせいしょ》』のヨハネ黙示録《もくしろく》第十六章に出てくる。終末的な戦争が行われる場所、転じて世界の命運を決する最終戦争を指す。九〇年代にはオウム真理教のほかにも、エホバの証人（ものみの塔聖書冊子協会）のようなキリスト教系の新興宗教が、同様に近い将来におけるハルマゲドンの到来を唱えていた。

ベストセラーとなった五島勉《ごとうべん》『ノストラダムスの大予言』（祥伝社、一九七三年）には、一九九九年七の月に人類が滅亡するという解釈が示されていた。麻原の言葉が信憑性《しんぴょう》を高めていった背景として、世紀末が迫りつつあった時代状況があったことを見逃してはなるまい。

麻原にとって、富士山は「未来を予知した予言的な経典」に出てくる世界最終戦争が起こったとき、そこから逃れるための「岩間の陰」になりさえすればよかったのだ。富士講とは対照的に、麻原は富士山そのものには宗教的な意味を見いだしておらず、せいぜい信者が生き残るための方便としかとらえていなかった。

こうした麻原の思想は、窓がないために富士山を望むことができず、外部とのつながりを一切遮断したかのようなサティアンの建物によく示されていた。

「第一上九」のやや南側に、「第三上九」と「第五上九」と「第六上九」が集まっていた地区がある。

「第三上九」には第7サティアンと幹部の土谷正実《つちやまさみ》（一九六五〜二〇一八）のホーリーネームを意味するクシティガルバ棟が、「第五上九」には第9サティアンと第11サティアンが、「第六上九」には第10サティアンと幹部の遠藤誠一《えんどうせいいち》（一九六〇〜二〇一八）のホーリーネームを意味するジーヴァカ棟が、それぞれ建設された。

このうち、出家信者の子弟が生活していたのは第10サティアンであった。第7サティアンでは本格稼働こそしなかったが、建物の外にまでパイプが張り巡らされ、サリンプラントが建設された。地下鉄サリン事件で使われたサリンは、ジーヴァカ棟で製造された。

地下鉄サリン事件は、ハルマゲドンを引き起こすために計画されたという説がある。そうだとすれば、麻原を教祖とするオウム真理教は、自分たちの教義の正しさを証明するため、ハルマゲドンを生き延びるべき富士山麓で大量殺人のための兵器を製造していたことになる。

前述の地図を頼りに、三つの「上九」が集まった地区に行ってみた。「第一上九」とは異なり、事件の跡をしのばせる慰霊碑のようなものは建っていない。いずれも人の背丈を上回るほど伸びた草むらに覆われていて立ち入ることすらできず、車が乗り捨てられたままになっている。事件から二十年あまりが経過し、ようやくもとの自然の風景を取り戻しつつあるようにも見えた。

第7サティアンがあった場所のすぐ近くには、別荘のような家が二軒ほど建っていた。しかし室内に人がいる気配は感じられなかった。

確かに眺めはよい。中央自動車道を使えば、東京から二時間あまりで来ることができる。「上九」の跡はすっかり根絶されている。もし前述の地図がなければ、私たちもどこにサティアンがあったのかを知ることはできなかった。おそらく不動産会社は、すぐ近くでサリンが製造されていたという事実には全く触れないまま、ひたすら眺めのよさと土地の安さを売り込んだのだろう。

次に訪れるべきは、山梨県道71号をはさんだ反対側にある「第二上九」の跡だ。ここには麻原の家族が第2サティアンから移り住み、修行用の独房が数百もあったという第6サティアンをはじめ、巨大な地下室を備えた治療棟や監禁用のコンテナ施設が建設された。

東大社会科学研究所の助手だった一九九五（平成七）年五月十六日、私は早朝からテレビを見ていた。この日に麻原が潜伏しているとされた第6サティアンに警察の強制捜査が入ることはあらかじめわかっていて、その模様を中継していたからだ。だが麻原はなかなか見つからない。捜索開始から四時間が経ち、ようやく二階の天井裏の隠し部屋に仰向けで瞑想《めいそう》している麻原が発見され、逮捕された。

テレビには、紅紫の法衣を身にまとった麻原が青いワゴン車に乗せられ、警視庁に護送される場面が映っていた。前述の地図を手掛かりに、小林編集長が運転する車が県道71号を右折して側道に入り、坂を上ったかと思うと、またすぐ右折して小道に入ったとき、麻原を乗せたワゴン車が、まさにこの小道をパトカーに先導されながら通り、坂を下りてゆく映像を二十三年前に見たことを思い出した。

サティアンは消えても、道はそのまま残っているのだ。

下

——たぶんこのあたりではないですかね。

小林編集長が車を停めた。「富士・上九廃墟探訪or聖地巡礼用地図」を見ると、確かに「第二上九」と書かれた長方形の印がこの道端にある。

町立の公園として整備された「第一上九」の跡とも、一面の草むらに覆われ、立ち入りすらできない「第三上九」「第五上九」「第六上九」の跡とも違う。草むらではないために眺望はきくものの、裾野まで富士山の稜線がはっきりと見えた「第一上九」とは異なり、丘陵地帯が邪魔をして中腹までしか富士山は見えない。

それでもいまは富士山だけが雪をかぶっているので識別することができるが、富士山から雪が消える夏や、丘陵地帯も雪に覆われる冬ならば、富士山と丘陵の区別はつきにくくなり、いっそう目立たなくなるだろう。

さら地になっているのは、道路沿いの轍《わだち》が残る部分だけだ。ここはロータリーのようになっていて、車が方向転換した跡があった。だがあとは一面、ススキや雑草やガレキの山に覆われている。目の前のこの風景と、二十三年前にテレビで見た光景とは、どうしてもかみ合わない。

強いて言えば、幾重にも残る轍だけが、かつての記憶をとどめていた。教団の車か、警察の車か、マスコミの車かはわからない。おそらくそれらすべてだろう。よほど多くの車が往来しない限り、これだけの轍は残らないことだけははっきりしているからだ。

ふと思った。麻原が「第一上九」の第2サティアンから「第二上九」の第6サティアンに移ったのは、富士山の存在感を相対的に小さくしようとしたためではなかったかと。前述のように、麻原にとって富士山とは、きたるべき世界最終戦争の後に自分たちが生き延びるための「岩間の陰」になりさえすればよく、いわば方便にすぎないものであった。富士山そのものには、いかなる宗教的な意味をも与えてはならなかったのだ。

けれどもそれにしては、「第一上九」から眺める富士山はあまりにも巨大すぎた。グルと呼ばれた麻原の絶対性を脅かすほどの存在感があった。サティアンの建物が簡素なだけにその存在は圧倒的だったのだ。麻原は窓のないサティアンだけでは満足できず、できれば視界からまるごと富士山を消し去りたかったのではないか。

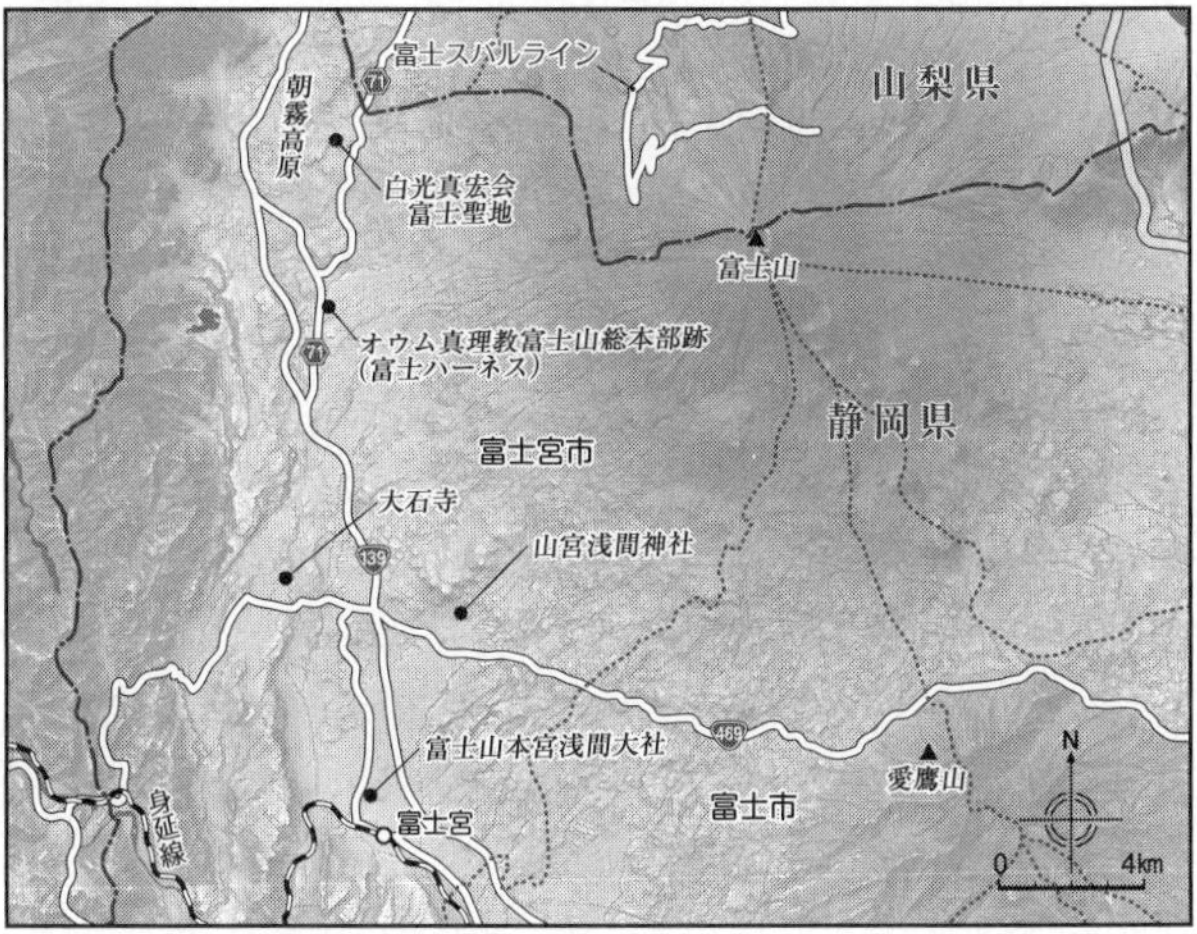

富士山南麓周辺図。富士山麓にはさまざまな教団が集う

再び山梨県道71号に戻り、さらに南下すると、まもなく山梨県の富士河口湖町富士ヶ嶺から、静岡県の富士宮市人穴に入る。このあたりは朝霧《あさぎり》高原と呼ばれているが、無人の草原や牧場が広がり、左手に富士山が見える「麓」の風景自体はほとんど変わらない。

やがて「富士聖地」への入口を示す道路標識が現れた。右折すると、すぐに白光真宏会の本部が見えてきた。ゲートらしきものはなく、簡単に入ることができた。

山梨県から静岡県にかけての富士山麓には、多くの新興宗教が支部や道場を開設している。だが本部を置いているのは、白光真宏会と普明会《ふみょうかい》教団しかない。

五井《ごい》昌久《まさひさ》（一九一六〜八〇）を創始者と

する白光真宏会は、千葉県市川市中国分《なかこくぶん》にあった本部を、一九九八（平成十）年にもともと道場が置かれていた朝霧高原に移し、ここを「富士聖地」と称している。

五井は、「富士山」（『平和讃―詩集』、白光真宏会出版局、一九八五年所収）と題する詩を書いている。以下はその一節である。

富士山　神富士
富士山こそ世界平和の中心のひびきを
ひびきわたらせている霊山
私たちの平和の祈りは
富士山の大調和したひびきを背後に
地球世界の平和をつくり出そうと
一歩二歩と歩を進めているのである

麻原とは対照的に、五井は富士山をひたすら崇《あが》めてやまない。白光真宏会が五井の死後に本部を朝霧高原に移したのは、五井の富士山に対する熱い思いがあったからだ。五井の信任を受けて理事長になった瀬木《せき》庸介《ようすけ》（一九三〇～九九）は、さらにこう述べている。

宇宙神は富士山麓の地に、地球人類完成のための特別なる聖域を定められ、この地を富士聖地と名付けられました。

宇宙神より直接発せられる宇宙究極の光、この光は今まで決して地球上に届くことのない、霊界までにのみ届く、霊界止まりの光でありましたが、五井先生の大み心によって、地球始まって以来初めてのことが起こったのです。

それは、大愛なる宇宙神が、五井先生の縁深く、魂高き、霊性優れたる人々の、真摯《しんし》なる世界平和の祈りにこたえ、この地における特別の行事において、宇宙究極の一筋の光を天降《あまくだ》らせて下さったことであります。

かくして富士聖地は、地上にかつて存在したことのない、神々、光明霊団、宇宙人、人類、死者の魂、とによる一大儀式が行なわれる三次元半の空間に昇華し、四次元、高次元空間への入口となったのです。(『夜明けはもう間近い』、河出書房新社、一九九九年)

五井の素朴なまでの富士山崇拝を、瀬木は抽象化させて教義に置き換えた。いわく、宇宙には宇宙神が存在する。宇宙神から発せられる光は、従来地球まで届くことはなかったが、「五井先生の大み心」によって届くようになった。その場所こそ、富士聖地にほかならない。

富士聖地は地球上で唯一、宇宙神との交信ができる世界の中心、全人類が訪れるべき輝ける聖地となったのである。

けれども富士聖地の駐車場には、車がほとんど駐《と》まっていなかった。歩いている人もほぼ見かけない。新興宗教の本部といえば、見る者を威圧するかのような建築物があったりするものだが、それもない。建物といえば、本館、別館、事務棟があるだけだ。どれも二階建てのため、どこかの会社の研修施設のようにも見える。

事務棟の一階は売店になっていた。全人類が訪れるべき聖地とされているからだろうか。中に入って書籍などをあさっていても怪しまれなかった。教団によっては、本部に立ち入っただけで誰何《すいか》されることもあるが、そんなことは全くなかった。こんな本はあるかと店員に質問したら、すぐに該当の箇所をコピーまでしてくださった。

富士聖地では、行事は室内でなく野外で開くようだ。一万人以上を収容できる野外会場がある。そこに向かう道は「ピースパス」と呼ばれ、その両側には「世界人類が平和でありますように」「〇〇国が平和でありますように」と、世界各国の言語で記されたピースポールが、あたかも白い墓標のようにずらりと並んでいる。

なだらかな坂道になっているピースパスを上ると、世界各国の旗が掲揚された野外会場が現れた。その向こうには富士山がくっきりと見える。

瀬木によると、白光真宏会には「世界平和の祈りの行事を開催するために、大勢の人が集まるのであれば、広々とした原っぱがあればよい、という簡単な考え方」(前掲『夜明けはもう間近い』)がある。野外会場で富士山を仰ぎつつ、宇宙神から送られてくる光を直接浴びるわけだ。あたかも富士山を避けるがごとく、サティアンにひたすら籠《こ》もり続けたオウム真理教とは対照的である。

機関誌『白光』のバックナンバーによると、確かに行事があるときには、世界中から信者が富士聖地に集まり、野外会場は人で埋めつくされる。他の宗教や宗派に属する人々が招かれることもある。

しかしいまは誰もいない。天理教で「おやさと」と呼ばれ、全人類の故郷とされる天理市に法被《はっぴ》を着た信者の姿が絶えないのとは、雲泥の差がある。交通の不便さが要因なのだろうが、あまりに閑散とし過ぎていて、ここが本部だと実感することはできなかった。

山梨県道71号にまた戻り、車で南下を続ける。前述の地図によると、同じ人穴地区に当たるこの先にオウム真理教の富士山総本部の跡があるはずだ。

富士山総本部は、一九八八(昭和六十三)年十月に完成している。オウム真理教が旧上九一色村の土地購入を始めたのは八九(平成元)年八月だから、それよりも早い。このことは、麻原が早くから世界最終戦争を想定して富士山麓に活動の拠点を定めていたことを示している。

富士山総本部には、道場と第1、第4サティアンがあった。ただ「上九」ができると、麻原や多くの幹部もそこに住むようになり、総本部の比重は低下した。

実際に行ってみると、地図で総本部の跡と示されたあたりはうっそうとした林になっていた。後で気づいたのだが、この地図は間違っていて、もっと南側の「富士ハーネス」という盲導犬訓練施設こそ、総本部の跡だったのだ。施設のホームページにも、「この場所は、地下鉄サリン事件で社会を震撼《しんかん》させたオウム真理教富士山総本部の跡地です。富士宮市民の皆さんは、オウム真理教の撤退を求めて団結して戦いました」と明記されている。

さらに南下し、右折して県道75号に入ると、富士宮市上条《かみじょう》という地区へと到達する。高原地帯の富士聖地に比べるとかなり標高が下がっており、住宅も目につく。ようやく人里に戻ってきたように感じる。

ここに日蓮正宗総本山の大石寺がある。

境内は広い。富士聖地とは対照的に、三門、二天門、御影堂、奉安堂、客殿、大講堂、中講堂、五重塔、宝物殿、広布坊など、重要文化財や県指定文化財に指定された歴史的建築物や、昭和や平成になって建てられた巨大な建築物が点在している。宿坊に当たる施設もある。

境内に隣接して、書店や土産などを売る商店街まである。

背後に見える富士山は、さらに南に来たせいか、やや遠景に退き、雪の割合がいっそう少なくなっている。だが裾野から上が見える範囲は、これまでのどの位置から見た富士山よりも大きくなっている。

「大石寺縁起」（『日蓮正宗総本山大石寺案内』、大日蓮出版、二〇一〇年所収）によると、日興は日蓮の死後に身延山久遠寺の別当職に就いたが、地頭の波木井《はきい》実長《さねなが》（一二二二～九七）が数々の謗法《ほうぼう》を犯したため、「地頭の不法ならん時は我も住むまじ」という日蓮の遺言や「国主此《こ》の法を立てらるれば富士山に本門寺の戒壇を建立せらるべきなり」という日蓮の遺命を受ける形で久遠寺を離れ、正応三（一二九〇）年に大石寺を建立し、日蓮が建立した「大御本尊」を久遠寺から移して安置した。つまり大石寺が富士山麓にあるのは、日蓮自身の言葉によっているというのだ。

もちろんこうした言い分を、身延山久遠寺を総本山とする日蓮宗が認めているわけではない。久遠寺は、日蓮の死後に日興と並ぶ高弟六老僧の一人、日向《にこう》とその門流によって継承されたとしているからだ。

戦後の日蓮正宗が日蓮宗を上回る教団となったのは、日蓮正宗の信徒組織として発足した創価学会が、第二代会長の戸田城聖と第三代会長の池田大作の時代に巨大な団体へと発展したことが大きい。

とりわけ池田大作は、大石寺から見た富士山の風景を、日記で絶賛している。

富士の山、輝き聳《そび》ゆ。霊峰というより、秀麗の山、雄峰の泰山、男性の山といいたい。盤石である。厳粛の中に、輝く文化の香りを常にただよわしている。

実に、いい山だ。富士の山、不二の山。この山が、日本にあることが不思議である。多宝富士、大日蓮華山。――日蓮正宗と、境智冥合《きょうちみょうごう》している山だ。大聖人を、非情の山にしてみたならば、富士の山の如く思えてならない。(『若き日の日記』1、聖教ワイド文庫、二〇〇五年)

一九五三(昭和二十八)年一月三日の日記である。当時の池田は、まだ創価学会青年部の参謀室長にもなっていなかったが、大石寺への登山を繰り返した。日記にはしばしば富士山をたたえる言葉が出てくる。

六〇年五月に三代会長となった池田は、「大御本尊」を安置するための正本堂を大石寺に建設することを、六四年五月三日に発表する。六七年に着工し、七二年十月に完成したこの建築物は、一度に六千人が「大御本尊」を拝することができた。正本堂はまさに創価学会の発展を象徴する建築物となったのである。

完成を告げる法要が行われた日のことを、池田はこう記している。


富士の山肌は青紫に映え、頂の白雪《はくせつ》が王冠の如く輝いていた。

その富士を背景に、堂々とそびえ立つ白亜の正本堂は、今まさに羽ばたかんと翼を広げた、鶴の英姿を思わせた。

正面には大理石の巨大な円柱が立ち並び、妙壇《みょうだん》（本堂）に入ると、美しい羽模様の天井が広がっていた。

荘厳であった。雄大であった。誰もが、その威容に目を見張った。

正午前、開式が告げられ、読経が始まった。

六千人の参列者の声が一つになって、力強く堂内に響いた。（『新・人間革命』第16巻、聖教新聞社、二〇〇六年）

この日だけではなかった。大石寺の境内は一年を通して信者の姿が絶えず、商店街はにぎわいを見せた。正本堂へと続く参道には、「御開扉」すなわち「大御本尊」を拝そうとする信者たちの長い行列ができた。

富士宮市は、「西」の天理市と並ぶ「東」の宗教都市となった。身延線の富士宮駅には天理駅や金光駅同様、信徒の団体専用ホームまでつくられた。

だが日蓮正宗は、池田大作が法主や宗門を蔑《べっ》視する発言をしたとして、九一年十一月に創価学会を破門する。これ以降、創価学会の会員による「月例登山」がなくなったため、参詣者の数は激減した。

実は、東大の助手だった九三年に一度、車で大石寺を訪れたことがある。このときの記憶は鮮明だ。広い境内に信者らしき姿はなく、正本堂にも簡単に立ち入ることができた。「今まさに羽ばたかんと翼を広げた、鶴の英姿を思わせた」という池田の形容は決して大げさではなく、富士山と美を競い合うかのような外観に目を奪われた。

しかし正本堂にも人の気配はなく、まるで廃墟のような印象を受けた。商店街の店は軒並みシャッターを閉ざしていて、創価学会を糾弾する張り紙ばかりが目立った。非常に殺伐とした空気が漂っていた。

一九九八年五月、正本堂は解体された。

二〇一四年十一月、創価学会は大石寺に安置されてきた「大御本尊」を信仰の対象にはしないことを明言した（『聖教新聞』同年十一月八日）。日蓮正宗は、これを「日蓮大聖人の出世の本懐を捨てる大罪」（日蓮正宗宗務院編『大御本尊への信仰を捨てた創価学会をただす―矛盾の

大石寺奉安堂と富士山。奉安堂は寄せ棟造りの寺院風の建築だった

スパイラルにおちいった創価学会―』、大日蓮出版、二〇一五年）を犯したとして非難している。

二十五年ぶりに訪れた大石寺は、相変わらず閑散としていて、商店街も短くなっていた。書店があったので入ってみる。前掲『大御本尊への信仰を捨てた創価学会をただす』のほか、『創価学会が正しいと思っているあなたへ』『創価学会を脱会しよう！』といった本が並んでいる。創価学会との「内戦」は、いまなお続いているのがわかる。

朱塗りの三門は変わっていなかったが、法要が執り行われる客殿は新しくなっていた。日蓮の御影が安置された御影堂も、朱塗りの外観そのものは変わっていなかったが、全面改修されたせいか新しく見えた。

けれども、最も奥まったところにあったはずの正本堂はなくなり、代わりに「大御本尊」を安置する奉安堂が建っていた。いまなお脳裏に残る正本堂の斬新《ざんしん》な外観に比べると、寄せ棟造りの寺院風の建築に変わってしまい、巨大ではあるがインパクトに欠けるように見えてしまう。そのすぐ右側に眺められる富士山だけが、前に同じ場所で見たときの印象と少しも変わっていない。

奉安堂の入口のゲートは閉まっていて、中に入ることはできなかった。しばらくたたずんでいると、通りかかった二人の若い女性から声をかけられた。

以下はそのうちの一人の女性と私とのやりとりである。

「こんにちは。宗門の方ですか」

「いいえ、違います」

「ひょっとして創価学会の方ですか」

「違います。このあたりの神社や宗教施設を回っていて、立ち寄りました。あなたは？」

「ここの者です。○○坊という宿坊に滞在しています」

「実は二十五年前に一度来たことがありまして、そのときにはここに全く違う建物があった記憶があります。あれは解体されてしまったのですよね」

「そうなんです。正本堂は創価学会が建てた施設だったということもあると思いますが、席から本門戒壇の大御本尊様を見下ろすような設計になっているという問題もありました。この奉安堂は、逆に御本尊様を私たちが見上げるような設計になっているのです」

「正本堂には信者でなくても入れたのですが、ここには入れないのですか」

「はい。残念ながら、信徒以外の入場は許されていません。御本尊様は大切なものですから」

小林編集長も、もう一人の女性から声をかけられていた。創価学会がいかに重大な過ちを犯したかを強調する女性の声が聞こえてくる。創価学会の会員が大石寺を訪れたときに、折《しゃく》伏《ぶく》して脱会させた体験があるせいだろうか。編集長は困ったような顔をしている。

「奉安堂の代わりに見られるところはありますか」

「重要文化財に指定されている五重塔があります。私たちが案内しましょう」

杉の木立に囲まれた高台に、西方に面して五重塔が建っていた。寛延《かんえん》二（一七四九）年に完成し、東海地方で随一の高さを誇る。三層より上の部分が陽光に照らされて明るく輝いている。ふだんは扉が閉まっているが、日蓮の誕生日に当たる二月十六日だけは開かれるという。宝物殿の見学も勧められたが、日没の時間が迫っていた。もう一つ訪れてみたい神社があるからと言って、急いで参道を戻った。二人の女性は駐車場までずっとついてきた。私たちのことを、本当は創価学会の会員ではないかと疑っているようにも見えた。

大石寺のある上条から国道４６９号を少し東に行くと、山宮《やまみや》という集落がある。ここに山宮浅間神社がある。

先に見た富士吉田の北口本宮冨士浅間神社と同様、全国に約千三百社ある浅間神社の一つで、コノハナサクヤヒメを祭神とする最古の浅間神社とされている。

本殿はなく、富士山そのものが御神体となっている。この点では本殿を設けず、三ツ鳥居を通して三輪山《みわやま》を拝する奈良県桜井市の大神《おおみわ》神社と似ている。

「富士山元宮山宮浅間神社」という額が中央に掲げられた白い鳥居をくぐり、北口本宮冨士浅間神社同様、杉並木と石灯籠に挟まれた参道を進んでゆくと、籠屋《こもりや》と呼ばれる社務所がある。ここを抜けてもなお砂利道の参道が続き、その先には五十段ほどの石段がある。

石段を上ったところが遥拝所《ようはい》である。本殿に相当する場所は石の塀で囲まれ、がらんとした空き地になっている。その向こうは森になっていて、その切れ間に当たるちょうど正面に富士山が見えている。

斜めに傾いた陽光に照らされた富士山は赤みを帯びていて、神々しいほどであった。季節によって、また一日のうちでも時間帯によって、ここから眺められる富士山はさまざまな表情を見せるのだろう。

山宮浅間神社の遥拝所の木立から覗く富士山

北口本宮冨士浅間神社には、本殿や拝殿や神楽殿などの建物が所狭しと並んでいた。大石寺も同様であった。それに比べれば富士聖地には建物が少なく、野外会場では富士山との一体性が感じられたが、それでも世界各国の旗がはためいていた。オウム真理教のサティアンに至っては、富士山に背を向けようとしているように思われた。

山宮浅間神社の遥拝所がつくられた時期は、これまでに見たどの宗教施設よりもはるかに古い。ここには既存の宗教が立ち上がる前の、原初的な富士山に対する信仰のかたちが凝縮されている。

夕闇が迫りつつある遥拝所で、私は富士山が刻々と赤みを増してゆくのを、飽かずに眺め続けていた。

第五景 「湾」と伝説

上

『古事記《こじき》』や『日本書紀《にほんしょき》』には、さまざまな伝説が記されている。神武《じんむ》天皇の「東征」や神《じん》功《ぐう》皇后の「三韓征伐」などは、その代表的な事例だろう。それらはほぼすべて、西日本を舞台としている。

東日本を舞台とする数少ない伝説として知られているのが、景行《けいこう》天皇の皇子とされるヤマトタケル（倭建命《みこと》、日本武尊《みこと》）の「東征」である。『古事記』にせよ『日本書紀』にせよ、神武天皇の「東征」が九州から近畿《きんき》までの西日本にとどまっているのに対して、ヤマトタケルの「東征」は東海から東北までの東日本一帯に及んでいる。

しかもこの「東征」には、途中まで同行者がいた。妃《きさき》の一人のオトタチバナ（弟橘比売命、弟橘媛《ひめ》）である。ところが相模《さがみ》から現在の東京湾を横断して上総《かずさ》に渡ろうとした際、海神が波を起こしてヤマトタケルの船が進退窮まった。このとき、オトタチバナが自ら入水《じゅすい》して犠牲になることで海神の怒りをしずめたため、波はおさまり、一行は無事に上総に渡ることが

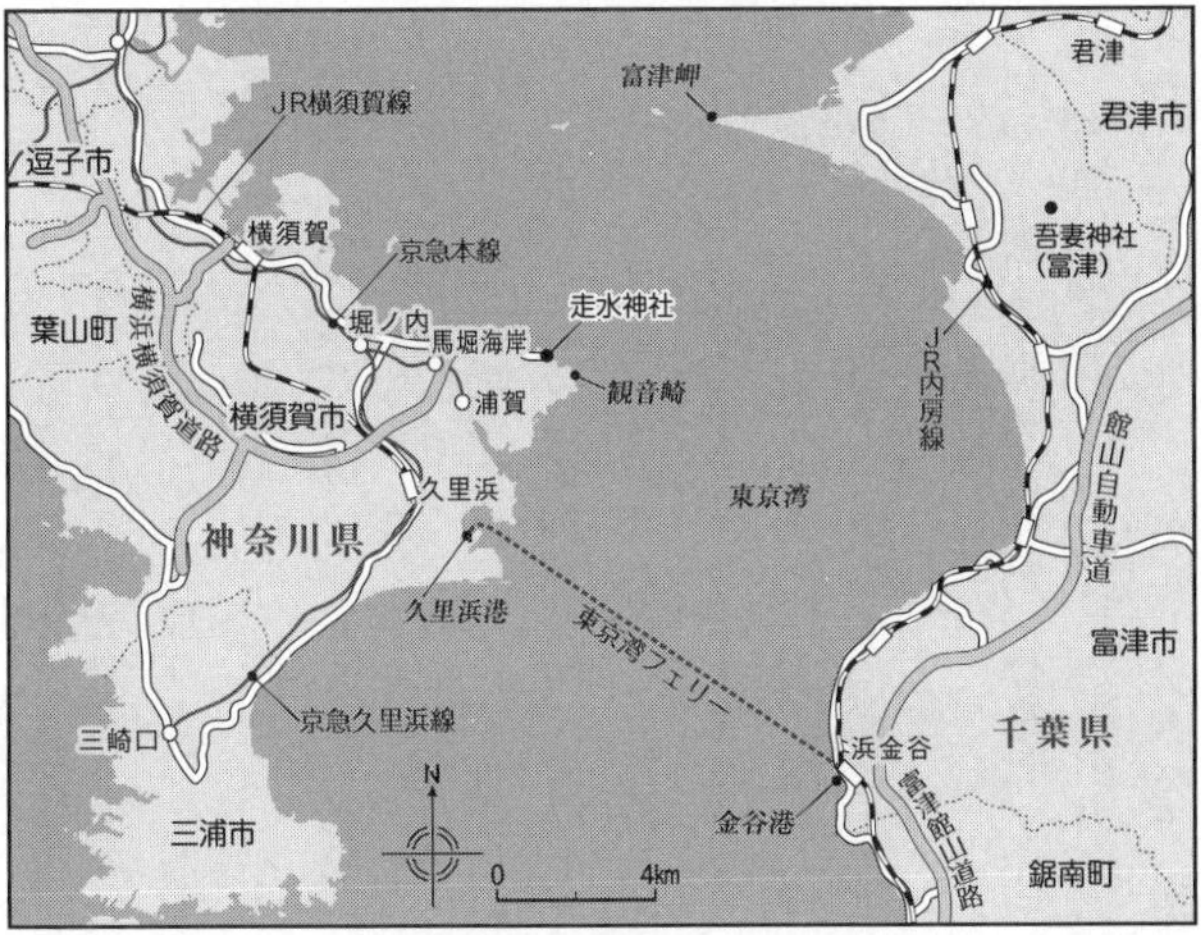

東京湾周辺図。神奈川県と千葉県にはオトタチバナ伝説が残る

できた。こうした伝説自体は、『古事記』『日本書紀』のどちらにも出てくる。

ただ双方を比べてみると、細かな違いがある。例えば『古事記』には、七日後にオトタチバナの櫛《くし》が海岸に流れ着き、ヤマトタケルが御陵を築いてそのなかに櫛を納めたとする記述があるが、『日本書紀』にそうした記述はない。また『日本書紀』には、オトタチバナが犠牲になることでヤマトタケルの乗った船が走るように上総に着いたことから、当時の人がその海を「馳水《はしるみず》」と名付けたとする記述があるが、『古事記』ではもとから「走水海《はしりみずのうみ》」と呼ばれていたかのような記述がなされている。

戦前の小学校で使われた『小学国語読本』巻七（文部省、一九三七年）の「第二弟橘媛」には、「媛は〔日本武〕尊に『私は、お身代りになつて海神の心をなだめませう。皇子は、勅命をはたして、めでたく都へお帰りになりますやうに』とおつしやるが早いか、荒狂ふ波間に、ざんぶとお飛びこみになつた。ふしぎに、風は止み波は静まつた」などと書かれている。記紀をもとにしながら、小学生向けにいっそうの脚色がなされているのだ。

もちろん戦後になると、こうした教育は全面的に否定された。記紀の記述はすべてフィクションとされ、一顧だにされなくなった。けれどもヤマトタケルがオトタチバナとともに渡ろうとした東京湾の両岸に当たる神奈川県と千葉県には、オトタチバナにちなんだ地名や、オトタチバナをまつる神社が多く分布している。

例えば、オトタチバナが着ていた錦の小《こ》袖《そで》が漂着したことに由来する袖ケ《そでが》浦《うら》という地名や、オトタチバナが着けていた櫛や袖を納めてまつったとされる吾《あ》妻《づま》神社という神社などは、神奈川県にも千葉県にもある。袖ケ浦は、千葉県袖ケ浦市や習志《ならし》野《の》市袖ケ浦ばかりか、浦安《うらやす》市から富津《ふっつ》市にかけての東京湾沿岸の古称でもある（『角川日本地名大辞典12　千葉県』、角川書店、一九八四年）。

ほかにも千葉県の東京湾沿岸には、ヤマトタケルやオトタチバナにちなむ地名が多い。船《ふな》橋《ばし》、海神《かいじん》（船橋市）、蘇我《そが》（千葉市中央区）、富津――みなそうだ（同）。木《き》更津《さらづ》と君《き》津《みつ》という地名も、ヤマトタケルがオトタチバナの死を嘆き悲しんで詠んだ、「君去らず袖しが浦に立つ波のその面影をみるぞ悲しき」という和歌に由来するとされる。

これらの多くは、『古事記』にも『日本書紀』にも記されていない民間伝承として、それぞれの地域で今日まで語り継がれてきている。

現在の私たちの感覚では、どうしても東京を中心とする地図を思い浮かべてしまう。近畿から東北に行く場合も、東海道《とうかいどう》新幹線で東京に出てから東北新幹線に乗り換えるルートを思い浮かべるだろう。

だが古代はそうではなかった。現在の東京を含む武蔵《むさし》は湿地帯で、現在よりも湾が内陸に深く入り込んでおり、相模から湾を横断して上総に渡り、北上するルートがとられていたからだ。陸路だけを見れば上総より下総《しもうさ》の方が都に近いように見えるが、海路も含めれば上総の方が都に近かったから、「上」という字が付いたのである。記紀に記されたヤマトタケルの「東征」のルートも例外ではなかった。

東京を経由せず、なるべく記紀の記述に忠実に沿うようにして神奈川県から東京湾を船で横断して千葉県に渡り、オトタチバナの伝説を訪ね歩くことができれば、鎌倉《かまくら》や江戸や東京が政治の中心として立ち上がる前の、東日本の歴史の古層に出会えるのではないか。

記紀に書かれた内容を事実としてそのまま信じるのでもなければ、フィクションとして簡単にしりぞけるのでもない。三浦《みうら》半島や房総《ぼうそう》半島で、オトタチバナは伝説としてどう受けとめられたのか。そこから立ち現れてくるはずの「もう一つの歴史」に目を凝らすべく、車とフェリーを使い、横須賀市《よこすか》、富津市、木更津市、袖ケ浦市、茂原市《もばら》の神社や記念碑を回る日帰りの旅に出ることにした。

二〇一八年十二月十八日火曜日。快晴である。

横浜《よこはま》を7時59分に出る京急《けいきゅう》本線下り特急三崎口《みさきぐち》ゆきに乗った。下りなのに混んでいる。私は横浜市民だが京急にはめったに乗らない。三浦半島を南下して横浜市から横須賀市に入るとトンネルが連続する。横須賀中央を過ぎるとようやく視界が開け、左手に東京湾が姿を現す。東京湾唯一の無人島として知られる猿島《さるしま》も見える。

堀ノ内《ほりのうち》で同じホームに停まっている各停浦賀《うらが》ゆきに乗り換える。次の京急大津《おおつ》には、一九三六（昭和十一）年生まれの母が幼少期を過ごした邸宅がかつてあった。

母の父は、海軍の軍人を相手に書道を教えていた。そのなかには海軍大将・長谷川清《はせがわきよし》（一八八三〜一九七〇）のような大物もいたと聞いている。横須賀は戦時中も大規模な空襲を受けることがなく、母は米軍機が東京や横浜を目指して上空を飛んでゆくのを何度も見たという。

京急大津の次が馬堀海岸《まぼりかいがん》だ。この駅で降りると、車で来た小林順編集長が待っていた。今

走水神社境内からは鳥居の向こうに東京湾が見えた

回もまた編集長の車に同乗させてもらい、まずはヤマトタケルとオトタチバナをまつる横須賀市走水《はしりみず》の走水神社を目指す。まさに『古事記』の「走水海」に由来する神社である。

走水神社は、東京湾を見下ろす丘の上に建っていた。

海に面した鳥居をくぐると、参道がまっすぐに延びている。その右側には社務所や、オトタチバナの姿を刻んだ「舵の碑」がある。そこから先は急な石段で一気に社殿まで上がる。石段の両側には早くも、「奉納　初詣」と書かれた赤い幟《のぼり》が立ち並んでいた。

けれども、境内には誰もいなかった。海沿いで東京よりも暖かいせいだろうか、社殿の脇にはイチョウの木が、黄色く染まった葉をまだほとんど落とさないまま、社殿よりも高くそびえ立っている。

社殿からはさらに裏山に向かって上り坂が続いている。左手には東京湾が一望できる。対岸の房総半島もはっきりととらえられる。その半島を見据えるかのごとく、丘の中腹に巨大な「弟橘媛命の記念碑」が建っていた。

一九一〇（明治四十三）年建立の記念碑の表面には、「勲一等昌子《まさこ》内親王書」による和歌が草書体で刻まれている。


さねさしさがむのをぬにもゆるひの　ほなかにたちてとひしきみはも

相模の野原に燃え立つ火の、その炎の中に立って、私の安否を尋ねてくださったわが夫の君よ──この和歌は、『古事記』でオトタチバナが死の直前にヤマトタケルを思って詠んだとされている。「勲一等昌子内親王」というのは、明治天皇の第六皇女に当たる竹田宮《たけだのみや》妃昌子（一八八八～一九四〇）のことだ。

碑の裏面には、次の文章が刻まれている。

御歌に溢《あふ》るゝ真情はすべて夫君の御上に注ぎ露ばかりも他に及ばず　其《そ》の貞烈忠誠まこ

とに女子の亀鑑《きかん》たるのみならず　亦以《またもっ》て男子の模範たるべし

ヤマトタケルのために自らの命を捧《ささ》げたオトタチバナの忠誠心は、単に女子の模範であるばかりか、天皇に忠誠を尽くすべき男子の模範でもあるというのだ。

走水神社は横須賀軍港に近く、航海の安全を祈願する海軍の軍人の参拝が多かった。発起人として東郷平八郎《とうごうへいはちろう》（一八四八〜一九三四）や乃木希典《のぎまれすけ》（一八四九〜一九一二）ら陸海軍の要人の名前が並んでいるのを見ると、軍隊教育の一環としてオトタチバナを「忠義」のヒロインに仕立てていたようにも思われてくる。

一九二三（大正十二）年五月四日には、大正天皇の后の貞明《ていめい》皇后が走水神社を参拝し、何首か和歌を詠んでいる。そのうちの二首を引く。

君のため波のほなかにしづみてし　深き心に音もなかれけり

とこしへに鏡とこそはあふがるれ　弟たちばなの花のすがたを

（『貞明皇后御集』中、宮内庁書陵部、二〇〇一年）

貞明皇后もまた、夫のために自ら犠牲となったオトタチバナの「深き心」を、永遠に女子の「鏡」になるとしてたたえている。当時は大正天皇が引退して葉山《はやま》御用邸で静養していたから、この参拝には天皇の平癒をオトタチバナに祈願するという目的もあったようだ。

忠君愛国的な近代天皇制のイデオロギーにふさわしい形に加工されたオトタチバナとは違った形で、『古事記』のストーリーから深い印象を受けたのが現上皇后美智子《みちこ》である。現上皇后は皇后時代にあたる一九九八（平成十）年、「子供の本を通しての平和―子供時代の読書の思い出―」と題する講演のなかで、こう述べているからだ。

弟橘の言動には、何と表現したらよいか、建〔ヤマトタケル〕と任務を分かち合うような、どこか意志的なものが感じられ、弟橘の歌は（中略）あまりにも美しいものに思われました。「いけにえ」という酷《むご》い運命を、進んで自らに受け入れながら、恐らくはこれまでの人生で、最も愛と感謝に満たされた瞬間の思い出を歌っていることに、感銘という以上に、強い衝撃を受けました。（宮内庁ホームページ）

現上皇后は貞明皇后とは異なり、オトタチバナがヤマトタケルのために一方的に犠牲になったとは考えていない。むしろヤマトタケルと任務を分かち合い、一緒になって難局を乗り切ろうとする意志のなかに、男女の美しい愛情を読み取ろうとしているのだ。

ただし、あくまでも『古事記』のストーリーに依拠している点は貞明皇后と共通している。それ以外の民間伝承はいっさい含まれないわけだ。『古事記』に掲げられたオトタチバナの和歌を石碑に刻む走水神社には、明治以降に持ち上げられながら、戦後はすっかり忘却されてしまった「国史」の匂いが芬々《ふんぷん》としている。

時刻はまだ午前九時を過ぎたばかりだ。朝の東京湾を船が行き交っている。社殿に向かって坂を下りてゆくと、一人の若い女性とすれ違った。やはりあの記念碑をわざわざ見に来たのだろうか。きちんとした身なりからは、地元の氏子ではない様子がうかがえた。思わず編集長に「オトタチバナが現れましたね」と声をかける。

実はもう一つ、やるべきことが残っていた。

二〇一五年六月十三日、千葉市に住んでいた母が自宅の浴室で意識を失い、水死した。前述のように、幼少期を大津で過ごした母は、死んだら骨を横須賀の海に撒《ま》いてほしいとかねがね言っていた。その願いをかなえる機会がないまま、自宅に遺骨の一部を小さなビンに入れて保管していた。このビンを持ってきていたのだ。

神社の前の道路を横断すると、すぐに岸壁が海に向かって延びていた。その先端まで歩いてゆき、ビンのふたを開け、一気に粉末と化した白骨を撒いた。白骨は風に舞い、ひらひらと海面に落ちていった。海は透き通っていたため、浅い底に沈んでゆくのがはっきりとわかった。それを見届けると、心の片隅にずっと残っていた大きな積み荷をようやく下ろしたような気持ちになった。

編集長の車に再び乗ると、晴天なのに突然雨が降ってきた。だがすぐにやんだ。こういうことがあると、荒天を晴天に変えたオトタチバナの霊力を信じたくなる。神社ですれ違ったオトタチバナが、母に代わってうれし涙の雨を降らせたのだろうかなどと考えた。

観音崎《かんのんざき》、浦賀を経由し、東京湾フェリーが発着する久里浜《くりはま》港には九時半過ぎに着いた。10時10分発の金谷《かなや》港ゆきのフェリーに乗る。金谷港は千葉県富津市にあり、久里浜港からはわずか四十分で到着する。

私にとって東京湾フェリーは懐かしい乗り物だ。小学生時代には家族で館山《たてやま》へ海水浴に行った帰りに乗ったし、大学時代の友人と二人で乗ったこともある。けれども平成になってからは一度も乗ったことがなかった。

いまや東京湾の東西を結ぶ交通の大動脈として知られているのは、東京湾アクアラインだろう。だがこの道路は川崎《かわさき》と木更津、つまり武蔵と上総の間を結んでいる。海路で相模から上総に渡るには、アクアラインが開通する前から運航していた東京湾フェリーに乗るしかない。

アクアラインのせいだろうか。船内に客の姿は多くない。四十分しか乗船時間がないのに、わざわざ缶ビールやつまみをテーブルに置き、座席で向かい合って酒盛りをしている客がいる。アクアラインでは決して味わえない旅を楽しんでいる常連客のようにも見えた。『日本書紀』では、湾を見たヤマトタケルが大言壮語して、「是《これ》小き海のみ。立跳にも渡りつべし」（こんな小さな海、跳び上がってでも渡ることができよう）と語ったことになっている。確かにそう思わせるほど、両岸の距離は近い。三浦半島が離れたかと思うと、すぐに房総半島が見えてくる。火力発電所などの人工的な建物が目立ち、低い丘陵が続く三浦半島に比べると、房総半島は山が海岸付近にまで迫り、沿岸に人工的な建物はさほど目立たず、ひなびた漁村のようなたたずまいを見せている。

金谷港に着くと、車でわずかな距離を移動し、港に隣接する開店したばかりの回転寿司《ずし》店「船主総本店」に入った。ここの名物は地元の金谷でとれる黄金鰺《こがねあじ》だという。さっそくにぎりを注文しようとすると、今日はまだ入荷していないとのこと。ただしフライならあるという。わざわざ寿司店に来てフライを注文するのはどうかと思ったが、黄金鰺を食べたいという衝動には逆らえなかった。

まもなく運ばれてきたフライは、ほぼ正三角形の綺麗《きれい》な形をしていて、衣はごく薄く、一口かじると引き締まった身が飛び出してくるようであった。思わず「これはうまい」と叫んでしまう。そのうちに板前さんが「いま入荷しました」と言うので、迷わずにぎりを注文。いよいよ念願の黄金鰺の寿司との対面と相成った。

横浜市戸塚《とつか》区の明治学院大学に通っていたころには、大船軒の名物駅弁「鰺の押寿し」をよく食べていた。だから鰺の寿司といえば、反射的に青みがかった鰺の切り身が載った直方体の寿司を思い浮かべてしまう。

ところが、いま眼前にあるのは、それとは似ても似つかぬ物体である。赤みがかった鰺の身がしなやかに反り返り、新鮮な輝きを放っている。そして口に運ぶと、噛《か》むたびにまるで跳びはねるような弾力で脂がじわじわと拡散してゆく。これまで食べてきた鰺はいったい何だったのかという、根本的な疑問に襲われたのだ。

ほかにも小庄鯛《こしょうだい》やかがみ鯛など、聞いたことのない鯛のにぎりを次々に食べた。これらもみな東京湾でとれる地魚だという。ネタの種類があまりにも豊かでびっくりした。工場排水で汚れた海という東京湾のイメージは、もはや完全に過去のものになったようだ。

鋸南保田《きょなんほた》インターから富津館山道路、次いで館山自動車道に入り、富津中央インターで降りる。富津市西大和田《にしおおわだ》の吾妻神社が、千葉県でまず訪れるべき重要な神社である。

吾妻というのは、『古事記』の「阿豆麻波夜《あづまはや》」、『日本書紀』の「吾嬬《あづま》はや」に由来する。

富津市西大和田にある吾妻神社。社殿に向かって石段が延びる

どちらもヤマトタケルがオトタチバナをしのんで発した言葉とされ、関東地方の総称を意味している。富津市のほか、神奈川県二宮町《にのみやまち》、横浜市中区、木更津市、袖ケ浦市、成田《なりた》市、群馬県中之条町《なかのじょうまち》など、ヤマトタケルの「東征」ルートに沿うようにして吾妻神社が分布していることも興味深い。

西大和田の吾妻神社は、海岸からいくぶん離れた吾妻山と呼ばれる小高い山の上にあった。人の姿はなく、走水神社で見られた初詣《はつもうで》の幟もまだ立ってはいなかった。

麓《ふもと》に白い鳥居が建ち、走水神社同様、そこから社殿に向かってまっすぐに石段が延びている。石段は途中からやけに真新しくなっていて、その脇にはこけむしたもう一つの古い石段が急勾《こう》配《ばい》を避けるべく、途中から大きなカーブを描いて社殿まで通じている。

祭神は走水神社とは異なり、オトタチバナ一神である。それもそのはず、この神社は海岸に漂着したオトタチバナの櫛を奉納した神社と言い伝えられているのだ。同様の伝説は神奈川県二宮町の吾妻神社にもある。『古事記』には「七日の後、その后《きさき》の御櫛海辺に依《よ》りき」とあるだけで、どの「海辺」に流れ着いたのかを記してはいないが、この地では富津の海岸に漂着したことになっている。

社殿の背後には、覆堂に当たる立派な蔵があった。ここにもしめ縄が張られている。扉は開いていたが、暗くて中の様子をうかがうことはできなかった。ここに奉納された櫛が安置されているのではないか。

少し登っただけなのに、社殿がある山の上からは眼下のまちなみが一望できた。走水神社のように海が神社のすぐ近くまで迫っているわけではなく、麓の鳥居の向こうに低層の家々からなる富津の市街地が広がり、その向こうに東京湾と三浦半島が眺められる。

ここから見える海岸は岩瀬《いわせ》海岸と呼ばれ、櫛が打ち上げられたという伝説がある。それを一頭の馬がくわえて吾妻山に駆け上がったと伝えられているのだ。

同じ東京湾でも、走水神社から見える東京湾は、オトタチバナがヤマトタケルとともにこれから船で出ようとした海であった。だからこそ、走水神社の境内にはオトタチバナの面影が濃厚に感じられた。ところが、吾妻神社から見える東京湾にはオトタチバナの姿を認めることができない。吾妻神社の境内にその面影はなく、形見の櫛だけがかろうじて残ったといえようか。

吾妻神社から東京湾を遠望しているうちに、文芸誌『群像』に連載した「皇后考」（二〇一七年に講談社学術文庫として刊行）の取材の一環として、一二年四月に福岡県福津《ふくつ》市の宮地《みやじ》嶽《だけ》神社を見学したときのことを思い出した。

オトタチバナ同様、女性である神功皇后を祭神とするこの神社もまた、社殿が山の上に建っていた。山の上からは、麓の鳥居や、鳥居からまっすぐ延びる参道が見え、その向こうには玄界灘《げんかいなだ》が広がっていた。

確かに吾妻山と岩瀬海岸の間には参道がないが、麓の鳥居からまっすぐに線を引けば東京湾にぶつかる。地形があまりに似ていたせいか、宮地嶽から見た風景が突如として脳裏によみがえったのだ。

神功皇后は朝鮮半島に出兵し、新羅《しらぎ》、百済《くだら》、高句麗《こうくり》の三国を服属させる「三韓征伐」を行ったとされている。この話は『日本書紀』に詳述されている。宮地嶽神社の由緒書によれば、神功皇后はこの地にしばらく滞在し、宮地嶽の山頂から玄界灘を望みつつ祭壇を設け、「天命を奉じてかの地に渡らん。希《ねが》わくば開運を垂れ給え」と祈願してから、朝鮮半島に向かって船出したという。

つまり宮地嶽神社から見える玄界灘は、神功皇后が朝鮮半島を平定すべく船出するという輝かしき栄光の海を意味していた。これに対して吾妻神社から見える東京湾は、一見よく似た風景にもかかわらず、水死したオトタチバナの櫛が漂着するという悲しみの海を意味していた。

同じく記紀に登場する女性であるのに、オトタチバナと神功皇后では性格が全く異なる。一方は夫の身代わりとなって海中に自らの命を捧げ、他方は夫の死後に夫に代わって海を渡り、戦争に勝って帰ってくるからだ。

神功皇后は妊娠していたにもかかわらずその身体を隠そうとしたのに対して、オトタチバナはヤマトタケルのパートナーであり、櫛もまた女性を象徴していることに注意すべきだろう。オトタチバナとは対照的に、神功皇后が船に乗ると順風が吹き、舵《かじ》や櫂《かい》を使わずに朝鮮半島に着けたのは、彼女が男装したからではなかったか。

二つの相異なる伝説には、現代の日本にまでつながると言うべき、男女の非対称性をめぐる歴史の古層が露呈しているように思われてならない。

下

富津市西大和田の吾妻神社では、毎年九月にオトタチバナの伝説にちなむ「馬だし祭り」が行われる。二〇一七年三月に千葉県指定無形民俗文化財となったこの祭りは、「馬だし」「オブリ」「神輿《みこし》」から構成される。

祭りの中心となるのは「馬だし」である。富津市教育委員会が一八年九月に境内に設置した真新しい案内板では、こう説明されている。

馬だしはオメシと呼ばれる選ばれた神馬が、早朝から神社に駆け上り、神殿前でお祓《はら》いを受けて宮司からオンベ（御幣）を受ける。神馬はオンベを鞍《くら》に立てて下山し、各地区を巡った後、岩瀬の浜に出て、二人の青年が馬の口を持ち、両脇にしがみついて疾走する。そして弟橘媛の櫛が漂着したと伝えられる地点に着くと、背のオンベを降ろし、地中に埋納する。

オンベは御幣、すなわち神に捧げる供え物であり、吾妻神社に奉納された櫛を暗示している。この祭りは、岩瀬海岸に漂着したオトタチバナの櫛を、もう一度海岸に戻すという意味が込められているのだ。

三浦半島の走水神社では、近代の皇族や軍人の面影がいまなお濃く立ち込めていた。そこでは『古事記』や『日本書紀』のストーリーを前提として、ヤマトタケルに対するオトタチバナの忠誠心が称賛された。

ところが東京湾を渡って房総半島に来てみると、そんな面影はみじんもなくなる。櫛が海岸に漂着することで、オトタチバナが祭りの主人公になる。その代わり、ヤマトタケルはいっさい出てこない。

オンベを地中に埋納するというのは、オトタチバナの霊を鎮めることを意味する（入江英弥「房総におけるオトタチバナヒメ伝承―千葉県富津市吾妻神社例大祭を事例として―」、『國學院大學大学院文学研究科論集』17、一九九〇年所収）。つまりこの地では、オトタチバナの身体は消えても霊は消えていないとされ、年に一度だけ吾妻神社から「湾」に帰ってゆくことができたのだ。

私たちもまた、馬だし祭りにならい、岩瀬海岸まで車で行ってみることにした。

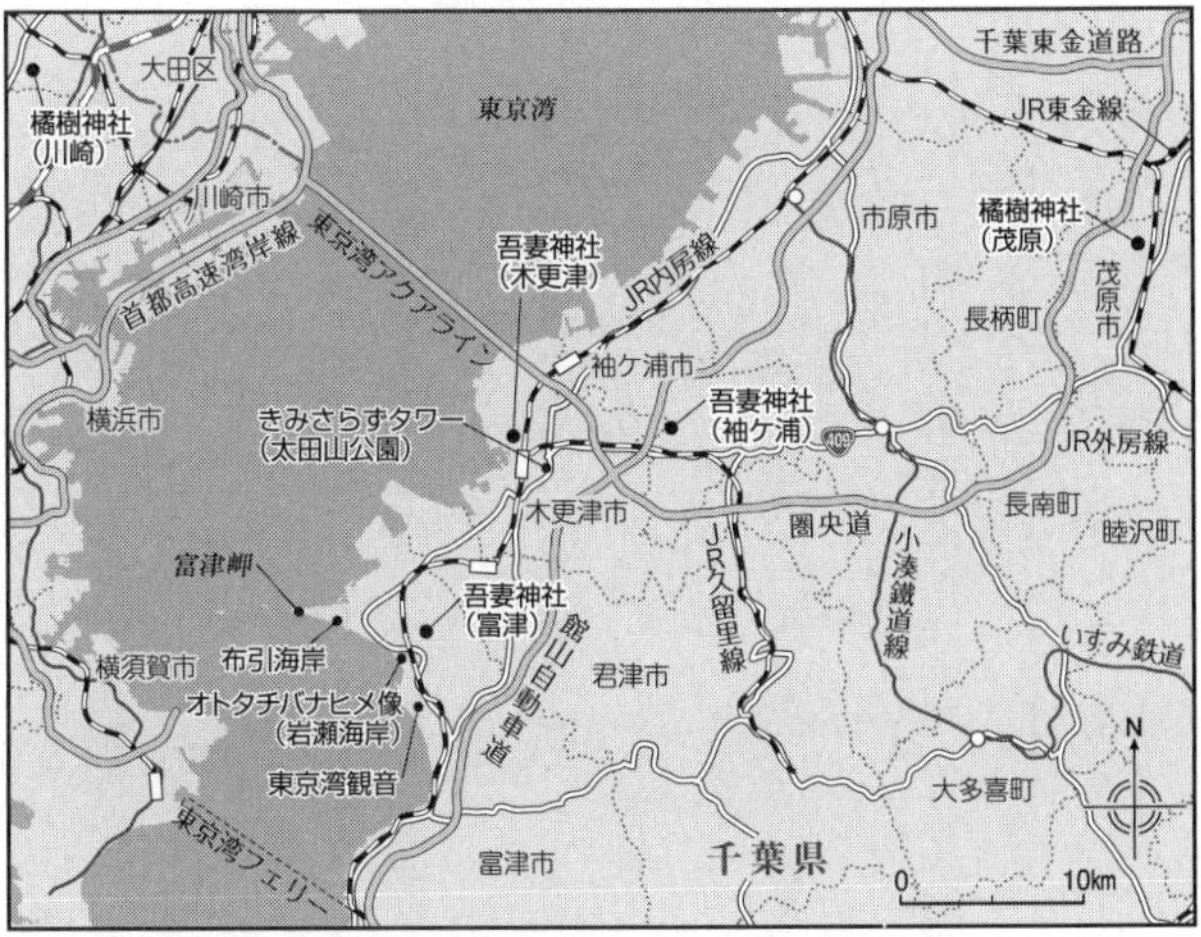

東京湾周辺図。オトタチバナをまつる神社が分布している

その途上、東京湾観音が遠くに眺められた。一九六一（昭和三十六）年に平和祈念と戦没者の慰霊を目的として建立された、高さ五十六メートルの巨大な観音像である。大人五百円、小人三百円の拝観料金を払うと、観音の胎内につくられたらせん階段を上り、「天上界」から東京湾を一望できるという。吾妻神社と同じ富津市にありながら、オトタチバナの伝説とは何の関係もない。

岩瀬海岸には、ちょうど櫛が漂着したとされるあたりにオトタチバナの石像が建っていた。一九九六（平成八）年に岩瀬共有財産整理組合が建立したものだ。「湾」に向かって建つ東京湾観音とは逆に、「湾」を背に両手を合わせて何事かを祈るようなオトタチバナの石像は、冬の日差しを浴びてまぶしく輝いていた。

その傍らには、岩瀬共有財産整理組合の記念碑があった。「弟橘媛をしのぶ」と題する碑文には、「この地の人々は、古くから弟橘媛をまつる吾妻神社を氏神と仰ぎ、農漁業を中心に繁栄の歩みをつづけてきた」とある。走水神社の記念碑のように、夫に忠誠を尽くす妻の婦徳がたたえられているわけではないことがわかる。

さらに碑文を読み進めてゆくと、次の一節に目がとまった。


弟橘媛の遺品の一部（櫛）は、この岩瀬海岸に打寄せられ、吾妻神社の社寶《しやほう》（先年焼失）として、弟橘媛をしのぶよすがとして、注目すべきものであった。


これには驚いた。吾妻神社の蔵に奉納されているとばかり思っていた櫛は、実は焼失していたのだ。

だが、新聞の記事データベースを見る限り、吾妻神社が火災にあったという記録を確認することはできない。ということは、櫛だけが何らかの理由で焼失したのだろうか。たとえ櫛が焼失しても、馬だし祭りそのものは変わることなく毎年行われてきたようである。

岩瀬海岸に建つオトタチバナの石像。湾を背にしている

富津という地名もまた、「布流津《ふるつ》」、すなわちオトタチバナの衣の布が流れ着いたという伝説に由来している。岩瀬海岸よりも少し西側に布《ぬの》引《びき》海岸がある。その名の通り、富津岬に近いこの海岸に、オトタチバナの衣の布が流れ着いたとされている。

車で布引海岸に向かう。途中、JR内房《うちぼう》線の大貫《おおぬき》駅が右手に見えた。開業した大正時代とほぼ変わらない木造の駅舎が、いまなお使われている。

富津市役所に近い大貫は、かつては東京と館山や千《ち》倉《くら》の間を結んでいた特急「さざなみ」の多くが停車する、内房線の主要駅の一つであった。ところが東京湾アクアラインが開通し、東京と南房総を結ぶ高速バスが増えたことで、君津以南の内房線からは定期の特急列車が全廃された。いまや単線区間に当たる君津以南の内房線は、東京近郊でも有数のローカル線へと転落してしまったのだ。

道路も富津市の中心部とは思えぬほどひなびている。東京湾に沿うようにして、センターラインや信号のない道をしばらく行くと、布引海岸に出た。

さらにまっすぐ進むと旧陸軍の試射場だった県立富津公園が見えてくるが、海岸と公園の境界付近に小さな記念碑が建っていた。岩瀬海岸に面したオトタチバナの石像とは異なり、海岸から少し中に入ったところにあるため、よほど注意していないと見逃してしまう。

記念碑には、「日本武尊弟橘姫領布漂着碑」と「戦後米軍本土初上陸地」という二つの相異なる文言が記されていた。一方は伝説、他方はれっきとした事実である。けれども文言の字数はほぼ同じであり、二つの文言が並記されているのを見ていると、まるで本当にオトタチバナの衣の布がここに漂着したかのような錯覚に陥る。

近くには貴布禰《きぶね》神社もあった。その名の通り、ここにはオトタチバナの櫛ではなく、衣の布がまつられている。「貴布禰総本宮」と仰がれる京都の貴船《きふね》神社とはいったいどういう関係にあるのだろうか。

富津岬は、房総半島から「く」の字形に東京湾に向かって突き出た岬である。確かにここから見える三浦半島は、房総半島のどこよりも近い。岬の南側に当たる沿岸はひなびた漁村としてのたたずまいを見せていたのに、岬の北側に当たる沿岸に出るや、様相が一変する。JERA（東電の系列と中部電の合弁会社）の火力発電所や日本製鉄の工場などが建ち並び、京葉《けいよう》工業地帯にいきなり迷い込んだような実感が湧いてくるからだ。

車はまもなく富津市から君津市に入り、君津市から木更津市へと入った。木更津市には、その名も「吾妻《あづま》」という町があり、ここにも吾妻神社がある。富津の吾妻神社と同じくオトタチバナ一神を祭神とするが、東京湾に面した低地にある点は全く異なる。

境内の看板には、「海に身を投じた姫のお袖が数日後この近くの海岸に漂着したのでこれを納めて吾妻神社を建てた」という由緒が記されている。櫛ではなく袖を納めたというわけだ。袖は貴布禰神社の布と同じものを指すのだろう。道路に隣接した市街地にあるせいか、富津の吾妻神社のような森閑とした雰囲気は感じられない。

社殿に隣接して、鏡ヶ池と呼ばれる小さな池があった。案内板の文章を引用する。

昔、この場所に吾妻の森があり、森の中心に水がきれいに澄んだ形の良い池がありました。日本武尊や従者たちはその池の水で喉《のど》を潤し、水面を鏡の代わりにし、疲れ果てた己の姿を見て、身なりを整えたと言われています。

又、その池は弟橘媛が使った鏡を沈めた所とも伝えられ以来この池のことを「鏡ヶ池」と言われております。

池の由来として、二つの説があることになる。前者が正しければ、富津では存在感のなかったヤマトタケルが立ち寄ったことになる。後者が正しければ、オトタチバナの袖ばかりか鏡も漂着したことになる。

実は島根県の奥出雲町《おくいずもちょう》にも鏡ヶ池がある。こちらは記紀神話でスサノオの妻となるクシナダヒメ（櫛名田比売、奇稲田姫）が自らの姿を映し、髪を梳《す》いたとされている。木更津の鏡ヶ池で自らの姿を映したとされるのはヤマトタケルであって、オトタチバナではない。

いまでは吾妻の森もなくなり、池の周辺は新興の住宅地へとすっかり変貌《へんぼう》している。富津に比べると、東京という磁場の圏内に入っている。あたかも神社と池だけが、開発から取り残されているかのようだ。

木更津ではもう一つ訪れたい場所があった。JR木更津駅の東側にある太田山《おおだやま》である。

木更津の東郊の丘陵地帯に一段と高くて、いつも樹木が茂り、何となく古意をふくんだ形のよい森がある。これが太田山で、〔日本武〕尊の伝説から「恋の森」と呼ばれている。尊がこの山上から弟橘媛を追慕された所だという伝説が残されている。（『木更津郷

土誌』、木更津市、一九五二年）

太田山は標高四十四メートルで、山頂には「きみさらずタワー」が建っていた。一九九二（平成四）年に木更津市の市制施行五十周年を記念して建設された、ヤマトタケルとオトタチバナの銅像が向かい合って立つ二つの塔のことだ。「きみさらず」は、木更津市が市名の由来としているヤマトタケルの和歌「君去らず袖しが浦に立つ波のその面影をみるぞ悲しき」からとられている。

二人の銅像は高さ二十八メートルの塔のてっぺんにあるために、どういう表情をしているのかはわからない。それどころか、どちらがヤマトタケルでどちらがオトタチバナかも判然としない。氏子にとっての「心の支え」であり続けたという経緯から建てられた岩瀬海岸のオトタチバナ像に比べると、木更津市をアピールするという町おこし的な意図をもって建てられた感は否めない。

タワーの途中までは階段が付いていて、上がることができた。ここから見える木更津の市街地は、吾妻山から見た富津の市街地に比べると高いビルやマンションが目立ち、東京の通勤圏に入ったことがはっきりとわかる。陸上自衛隊木更津駐屯地や東京湾、そして神奈川県の川崎や横浜も見えるが、三浦半島を間近に眺められた岩瀬海岸に比べると「湾」が広がり、対岸は後景に退いている。

富津市、木更津市のほか、木更津市に隣接する袖ケ浦市の三黒《みくろ》にも吾妻神社がある。三黒は骸《むくろ》が転訛《てんか》したという説があり、オトタチバナの屍《しかばね》がここに運ばれたという伝説が残っている。

太田山を下り、房総横断道路と呼ばれる国道409号をひた走ると、いつの間にか袖ケ浦市に入る。木更津と君津市の上総亀山《かめやま》を結ぶJR久留里《くるり》線の単線非電化の線路がぴたりと寄り添ってくる。「湾」から遠ざかるにつれ、のどかな田園地帯が広がるようになる。

横田《よこた》という集落で左折して県道145号に入り、しばらく走ったところで三黒に達する。目指す吾妻神社は、一面の田んぼのなか、そこだけがこんもりとした鎮守の森に囲まれていた。宅地化の波に呑《の》み込まれてしまった木更津の吾妻神社を見たばかりだったせいか、この環境はまるで数百年も変わっていないように思われた。

吾妻神社であることを示しているのは、鳥居の中央に掲げられた神額の「吾妻神社」の文字だけだ。富津や木更津の吾妻神社にあったような案内板はいっさいない。それどころかこの神社には、参道や社殿らしきものもないのだ。その代わりに、古墳とおぼしき小高い丘があった。

古そうな石碑に「膞松古墳」と書かれているのが、かろうじて読み取れる。しかし、どう

袖ケ浦市三黒の吾妻神社。田んぼのなかに、ひっそりと鳥居があった

いう古墳なのかはさっぱりわからない。ひょっとしてここが、「御陵を作りて治め置きき」と『古事記』が伝えるところの、ヤマトタケルがオトタチバナの屍を埋葬したと伝えられる陵なのではないか。そんな想像すらかきたてられた。

稲刈りを終えた周囲の田んぼは冬の日差しを浴びて明るく輝いているのに、吾妻神社の境内だけは常緑樹が生い茂り、暗い影に覆われている。ひそかに屍を埋めるには絶好の環境ではないかと思った。

けれども、オトタチバナの陵と伝えられる墳丘があることで知られているのは、袖ケ浦市よりもっと「湾」から遠ざかった茂原市の橘樹神社のほうだろう。橘でなく橘樹と書いて「たちばな」と読む。

上総の一之宮は神武天皇の母に当たるタマヨ

リヒメ（玉依姫命《みこと》）をまつる一宮町《いちのみやまち》の玉前《たまさき》神社だが、橘樹神社は一之宮に次ぐ二之宮の格式が与えられてきた。主祭神はその名の通り、オトタチバナ一神である。ここまで来たからには、「本家」を訪れないわけにはいくまい。

冬至が近く、午後三時だというのにもう日が傾きかけている。房総横断道路をそのまま内陸に向かえば茂原に出るが、日没の時間を考えると木更津北インターから茂原北インターまで圏央道《けんおうどう》を使ったほうがよさそうだという小林編集長の判断に従うことにした。

圏央道は空《す》いていた。房総半島の内陸部に街らしい街はなく、車窓から見えるのは低い山々や田んぼやダム湖ばかりであった。四時前にはもう茂原北インターを出て、茂原の市街地に入っていた。

橘樹神社は、茂原市の北部に当たる本納《ほんのう》にある。もともと長生《ちようせい》郡本納町だったのが、七二年に茂原市に合併された。神社のすぐ横をJR外房《そとぼう》線の線路が通っているが、本納駅には特急も多くの快速も停まらない。

しかし江戸時代には、儒学を革新した荻生徂徠《おぎゆうそらい》（一六六六～一七二八）が、十代から二十代にかけて十一年間ここに住み、勉学を重ねた。大学院の指導教官で徂徠学の研究者でもある平石直昭《ひらいしなおあき》先生が、徂徠にとって本納で青年期を過ごしたことが、思想形成にいかに大きな影響を与えたかを力説していたことを思い出した。

駐車場は神社から少し離れたところにあった。これまでに訪れたどの神社よりも広く、普通車が六十台とめられるという。いまはただの空き地になっているけれど、おそらく正月には全部埋まるのだろう。

社伝によると、橘樹神社は景行天皇四十一年に創建された。ヤマトタケル自身がオトタチバナの墳墓を築き、橘の樹を墓標の代わりに二株植えたという伝説が残っている。そうだとすれば、オトタチバナの屍は三黒の吾妻神社にいったん運ばれたとしても、そこでは埋葬されず、さらに本納まで運ばれてきたことになる。

大きな一之鳥居をくぐり、さらに鳥居を三つくぐると、社殿がある。その前方の左右には、橘の樹が二本立っていた。「左近の桜、右近の橘」というように、京都御所の紫宸殿《ししん》では正面の階段から見て左側に桜を、右側に橘を植えていた。これは現在もそうである。橘樹神社では、社伝に忠実に従う形で、橘を二本植えているのだろう。

拝殿の奥に本殿が控え、その奥は小高い丘になっている。「弟橘比賣命御陵」という石碑が建っていることから、ここがオトタチバナの陵だとわかる。けれども登山口に当たる箇所には次のような看板があった。

これより先は日本武尊が築陵なされた、当社の主祭神、『弟橘比賣命』の神聖な御陵墓で、信仰の対象そのものであり、且つ当社ご創建の由緒に関する重要な神域です。当社へ断りも無く立ち入ったり、草木等を採るなどの行為は、一切厳禁です。

橘樹神社　宮司

これを見るやあわてて引き返し、社務所を閉めようとしていた女性に向かって、御陵に立ち入ってよいかどうか尋ねた。文面からして簡単に許可はおりないかと思ったが、予想に反して「ああ、いいですよ」という返事があった。

木々に覆われたけもの道のような山道を少し上ると、真新しい鳥居と玉垣があった。鳥居には橘の樹の神紋がかたどられ、玉垣に囲まれた中央部には、橘の樹が一本植えられていた。まさにこの樹の下に、オトタチバナの屍が埋葬されたことになっているわけだ。

宮内庁は、北は山形県から南は鹿児島県まで一都二府三十県にわたり、歴代天皇や皇族の陵墓や陵墓参考地を管理している。このうち、ヤマトタケルの陵は宮内庁によって三重県亀《かめ》山《やま》市の能褒野《のぼの》陵、奈良県御所《ごせ》市の白鳥陵《しらとりのみささぎ》、大阪府羽曳野《はびきの》市の白鳥陵の三カ所と治定されているが、オトタチバナの陵は治定されていない。

宮内庁が管理する陵墓のうち、女性の陵墓は天皇や皇后や皇太后のような称号をもつか、皇女や皇孫女のように天皇の血につながる子孫の場合に限られている。オトタチバナの場合、ヤマトタケルの妃の一人にすぎず、系統上は天皇の血につながる子孫でもないので、この条件にふさわしくないとされたのではなかろうか。

つまり本納の橘樹神社にあるオトタチバナの陵は、宮内庁の公認を得ているわけではない。けれども石造りの鳥居や玉垣は、宮内庁が管理している陵墓にそっくりである。夕闇が迫りつつある墳丘にしばらく立っていると、外房線の電車が走る音が聞こえてきた。

橘樹神社という神社は、「湾」の西側に当たる神奈川県川崎市にもある。実はこの神社の近くにも、オトタチバナの墓所とされる墳丘があるのだ。富士見台《ふじみだい》という高台にあることから、富士見台古墳と呼ばれている。オトタチバナが身に着けていた衣服や冠が、この地に流れ着いたという伝説がある。

そうだとすれば、オトタチバナの遺品は「湾」の東側の上総に流れ着いたのではなく、「湾」の西側の武蔵に流れ着いたという伝説もあることになる。

このことがどうしても気になり、後日、私は一人で川崎市の橘樹神社を訪れてみた。神社の周辺に駅はなく、バスで行こうとすると東急田園都市《でんえんとし》線の溝の口《みぞのくち》駅から二十分近くもかかるため、自分の車で行った。

神社の所在地はいまでこそ川崎市高津《たかつ》区子母口《しぼくち》だが、一九三七（昭和十二）年五月三十一日までは神奈川県橘樹郡橘村大字子母口だった。橘樹郡というのは現在の川崎市のほぼすべてと横浜市の一部を含む地域で、橘樹神社は橘樹郡の総社だったと考えられている。

私のように横浜に住んでいても、隣町の川崎のことはよくわからない。子母口というところも初めて行った。多摩《たま》丘陵の東端に当たるせいか、意外にアップダウンがあり、住宅が丘の斜面を覆いつくしている。かつて東京湾が深く入り込み、橘樹郡の中心だったところは、いまや東京に従属するだけのベッドタウンと化してしまった。

本納の橘樹神社に比べると、境内はかなり小さい。橘の樹も見当たらない。地図を見ると、富士見台古墳はここからいささか離れている。再び車を動かし、子母口富士見台と呼ばれる丘陵地に開かれた住宅地を上ってゆくと、急に公園が現れた。

富士見台古墳だった。

墳丘の高さは三・七メートルしかないため、簡単に登ることができた。墳丘というよりはむしろ、小学校の校庭などで見かけるただの盛り土をした丘のようで、もちろん鳥居も玉垣もない。そもそも橘樹神社が管理しているわけではないので、当然といえば当然だった。

昭和初期にオトタチバナを祭神とする神社を紹介した宮野千代『稿本弟橘比売命御事績非常時日本婦人の典型』（弟橘比売命御事績刊行会、一九三九年）には、本納の橘樹神社とともに子母口の橘樹神社に関する説明がある。そこでは、「〔橘樹神社の〕社域から東方に当る山の中腹に五六歩《ぶ》の茅篠《かやしの》の蔚茂《うつも》した小高い地がある」とし、この小高い地を「橘媛神廟《しんびょう》」と称している。タイトルから明らかなように、背景には「非常時」に際して夫のために命を捧げたオトタチバナの婦徳を称揚しようとする、同じ神奈川県の走水神社にも通じる国家主義的な発想があった。

だがいまや宅地化の波に完全に呑み込まれ、「神廟」らしき痕跡《こんせき》は全くない。道路に面した麓の部分が大きく削られているため、古墳の原形すらとどめておらず、ただの児童公園にしか見えなかった。

オトタチバナの陵を大切に保存している本納の橘樹神社との温度差の大きさを、改めて思い知らされる。しょせんは伝説なのだから、どんどん土地を切り崩して住宅にしても何ら問題はないというのは、確かに合理的な見方だろう。子母口の富士見台古墳で目のあたりにしたのは、「神廟」として持ち上げた戦前の反動からか、伝説をまるごと否定しようとする、いかにも戦後民主主義的な光景であった。

だがそうした光景からは、豊饒《ほうじょう》な文学は生まれそうにない。オトタチバナに関するさまざまな伝説をいまなお大切にしている「湾」の東側にこそ、新しい文学の可能性が秘められているという感を深くしたしだいである。

第六景　「台」と軍隊

上

明治天皇が命名した東京郊外の地名として知られているのが、千葉県習志野《ならしの》市、船橋市習志野などの地名になっている「習志野」である。

一八七三（明治六）年四月、大和田原《おおわだはら》（現在の船橋《ふなばし》、習志野、八千代《やちよ》三市にまたがる区域）で近衛兵の大演習を観閲した天皇が、「曠野の演武に適せる」を見て「習志野原」と名付けたとされている（『明治天皇紀』一八七三年五月十三日条。ただし異説もある）。明治天皇にとっては、「野」と軍隊が結びついたのだ。

この場合、「野」は軍事演習場を意味する。その後も明治天皇は一八七九（明治十二）年まで、演習を観閲するため三回ほど習志野を訪れている。

昭和になると、東京郊外で大規模な軍事演習を行うことが困難になる。その代わりに陸軍関係の学校が、次々と郊外に移転したり、創設されたりした。それはちょうど、日中戦争や太平洋《たいへいよう》戦争が始まり、陸軍の兵士が戦場に送り込まれる時期と一致していた。

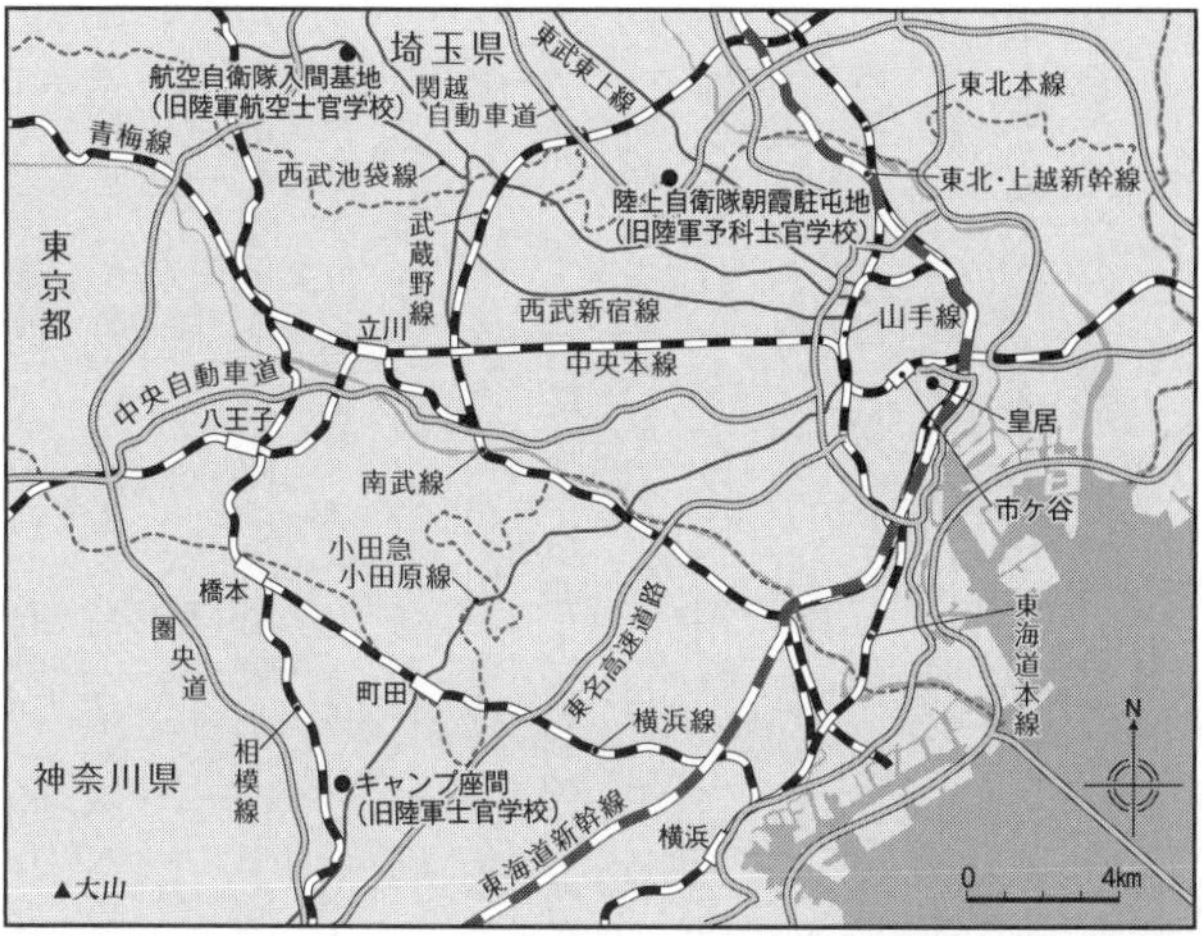

陸軍士官学校は 1937 年、市ヶ谷から神奈川県座間村の台地に移転した

具体的に言えば、一九三七（昭和十二）年九月に陸軍の現役兵科将校を養成する陸軍士官学校が、東京の市ケ谷から神奈川県高座《こうざ》郡座間《ざま》村（現・座間市）に移転したのに続いて、同年十月には埼玉県入間《いるま》郡所沢《ところざわ》町（現・所沢市）の所沢陸軍飛行場内に陸軍の航空兵科現役将校を養成する陸軍士官学校分校が創設された。三八年五月、同分校は埼玉県入間郡豊岡《とよおか》町（現・入間市）に移転し、同年十二月、陸軍航空士官学校として独立した。四一年九月には、陸軍の兵科士官候補生を養成する陸軍予科士官学校が、市ケ谷から埼玉県北足立《きたあだち》郡朝霞《あさか》町（現・朝霞市）に移転している。

三七年七月に日中戦争が勃発《ぼっぱつ》すると、

それまで毎年秋に全国の道府県持ち回りで行われてきた陸軍特別大演習が中断された。昭和天皇は、この陸軍特別大演習の統監のため毎年地方を視察してきたが、本格的な戦争が始まった三七年以降、それが不可能になった。

しかし陸軍士官学校、陸軍航空士官学校、陸軍予科士官学校が東京郊外にできると、昭和天皇は卒業式に臨席するため、これらの学校を訪れている。天皇にとってそれは、戦中期にほぼ唯一残された軍事行幸であり、戦場に赴こうとする若者たちを鼓舞する役割を果たした。

それだけではない。昭和天皇は、三七年十二月に陸軍士官学校（本科）の所在地を「相武《そうぶ》臺《だい》」、四一年三月に陸軍航空士官学校の所在地を「修武臺《しゅうぶだい》」、四三年十二月に陸軍予科士官学校の所在地を「振武臺《しんぶだい》」と名付けている。「臺」は「台」の旧字で、台地を意味する。

確かにこれらの学校は、相模川《さがみがわ》や、荒川《あらかわ》の支流に当たる入間川、黒目川《くろめがわ》を見下ろす台地や河岸段丘にある。昭和天皇にとっては、「台」と軍隊が結びついたのだ。

戦後、いかにも重々しい「臺」は新字体の「台」となり、「台」のつく地名や駅名が多く生まれた。その多くは、私鉄会社や不動産会社が高級住宅地のイメージを付けようとして命名したものだ。東京郊外で激増した「台」の起源をたどってゆくと、戦中期に天皇自身が命名した三つの「臺」に行き着くのではないか。

とりわけ全国にその名をとどろかせたのが、陸軍士官学校があった相武台である。相武台は単に学校を指すばかりか、練兵場や演習場を含む広大な土地を指す名称となり、昭和天皇の乗る車（御料車）が通るための「行幸道路」（東京都道・神奈川県道51号）まで敷設された。実際の行幸回数は、相武台が七回だったのに対して、修武台はそれよりも少ない四回、振武台に至ってはたったの一回にすぎなかった。

太平洋戦争末期の一九四四年十月に陸軍予科士官学校を卒業して陸軍士官学校に入学した長井五郎《ながいごろう》は、振武台と相武台の違いをこう述べている。

振武台の名は、昨、（昭和）十八年初冬の十二月九日に、天皇陛下が予科士官学校に行幸されて賜わった名で、それからまだ一年もたっていない。

ところが、相武台の名は、陸軍士官学校が神奈川県の座間町に移った昭和十二年の、十二月に陛下が行幸して賜わった名で振武台より六年も古く、従ってそれだけ、その名はすでに全国にとどろいている。（中略）

予科の生徒はまだ若く、陸軍将校を目ざす教育を受ける期間もまだ短かい。それは中学一、二年生から入る幼年学校の生徒に毛の生えたようなものである。

ところが、本科、陸軍士官学校は将校生徒教育の最後の道場である。ここを卒業すれ

ばすぐに見習士官となり、直ちに数十名の部下を掌握して第一線に立ち、敵と戦うことになるのだ。（中略）

それが原因してであろうか。

「相武台」という時、五郎たちはそこに「ある壮重さ」、更に言えば「壮厳」ともいえる重々しさ、さえも感ずるのである。それは明らかに、「振武台」とは違ったひびきとニュアンスを持つ。（『青春の賦―わが回想の陸軍士官学校』、秋元書房、一九九二年）

相武台を特別視する長井五郎の回想は、別の面からも裏付けられる。私鉄の駅名である。

陸軍士官学校の移転に合わせて、小田原急行鉄道（現・小田急小田原線）は最寄り駅の座間（現在の座間駅とは別）を「士官学校前」に改称し、さらに四一年一月に「相武台前」に改称した。軍事施設があることを敵に察知されないようにする防諜《ぼうちょう》上の改称であったが、相武台が駅名となったのだ。

小田急はそのものずばり、「相武台」への改称を考えていた。だが「なにぶんにも陛下のご命名という由来があるだけに軍は難色を示し、結局、相武台ではイカンが相武台前ならまアよかろう、ということでやっと認可になった」（『小田急五十年史』、小田急電鉄、一九八〇年）。「前」が付いたとはいえ、相武台は駅名として戦後も残ったばかりか、相模原《さがみはら》市や座間市の町名にもなっている。それだけではない。かつて演習場だったところに、相武台団地、相武台公民館、相武台まちづくりセンター、相武台中学校、相武台小学校、相武台病院などが点在している。

一方、陸軍航空士官学校の最寄り駅である武蔵野鉄道（現・西武池袋《いけぶくろ》線）の豊岡町や陸軍予科士官学校の最寄り駅である東武東上《とうじょう》線の朝霞は、「修武台前」や「振武台前」に改称されることがなく、修武台や振武台は地元の町名としても残っていない。昭和天皇が命名した時期が相武台よりも遅く、その名称が一般に定着しないうちに終戦を迎えたからではないか。

ただし昭和天皇は、陸軍士官学校を訪れる場合でも、小田急を一度も使っていない。天皇は宮廷ホームのある原宿《はらじゅく》から原町田《はらまちだ》（現・町田）まで中央本線と横浜《よこはま》線を経由する御召列車に乗り、原町田からは車に乗り換えて行幸道路を進んだからだ。私鉄を使わないのは、陸軍航空士官学校や陸軍予科士官学校を訪れる場合も同様であった。

戦後、三つの学校は米軍に接収され、陸軍士官学校はキャンプ座間に、陸軍航空士官学校はジョンソン基地に、陸軍予科士官学校はキャンプ・サウス・ドレイクとなった。このうちジョンソン基地は全面返還されて航空自衛隊入間基地となり、キャンプ・サウス・ドレイクもほぼ返還されて陸上自衛隊朝霞駐屯地になっているのに対して、キャンプ座間は陸上自衛隊が敷地内の一部に駐屯しながらも、引き続き在日米陸軍が駐留している。

航空自衛隊入間基地では、陸軍航空士官学校の校舎を「修武台記念館」として保存し、定期的に見学会を開いている。陸上自衛隊朝霞駐屯地でも、陸軍士官学校から移築された皇族舎を「振武台記念館」として保存し、陸軍予科士官学校にまつわる数々の展示品を公開している。どちらも米軍から返還されたことで、修武台や振武台と呼ばれた戦中の短い期間が脚光を浴びているのだ。

ところがキャンプ座間は、日米親善桜まつりや盆踊り大会といった催しがある日を除いて、一般の立ち入りが厳しく禁じられている。たとえ記念館はなくても、基地内には相武台と呼ばれた時代の建物や史跡が点在し、一部は米軍の施設として使われているのだ。陸軍士官学校こそ「台」と軍隊の関係を探る上で最も重要な学校であるならば、何としても訪れなければならないと思った。

それを実現させてくださったのが、KADOKAWAの岸山征寛さんだ。キャンプ座間の窓口に当たる在日米陸軍基地管理本部広報室と交渉した結果、ふだんは公開していない施設を含めての、約三時間にわたる見学が可能となった。見学当日は身分証となる運転免許証を忘れないよう、岸山さんから念を押された。

二〇一九年二月十四日。朝からどんよりとした曇り空が広がっている。自宅に近いＪＲ横浜線の十日市場《とおかいちば》駅ホームの自販機に内蔵された電光掲示の温度計は、四度を示している。下りの各停橋本《はしもと》ゆきに乗り、三駅目の町田で降りる。

町田は一九八〇（昭和五十五）年まで原町田という駅で、現在よりも四百メートルほど横浜寄りにあった。当時の駅の記憶は鮮明だ。駅舎は戦前のままで、ホームは低く、墨で書かれた駅名標まで残っていた。

前述のように、昭和天皇はこの駅を降りて車に乗り換え、行幸道路を相武台へと向かった。一般の客が利用する出入口は駅の北側にあったのに対して、天皇が利用する臨時の出入口は駅の南側にあった。

現在、原町田の駅舎は跡形もなく消え、臨時の出入口のあたりは市営の駐車場になっているが、駅から延びる道路自体は残っている。左右に整然と並ぶケヤキの木々だけが、かつての面影をとどめている。

小田急線の町田駅まで歩き、９時17分発の各停本厚木《ほんあつぎ》ゆきに乗る。次の駅の相模大野《さがみおおの》も、陸軍通信学校が東京の杉並《すぎなみ》から移転してきたのに伴い、一九三八年に通信学校駅として開業している。それが四一年に相模大野に改称されたのは、相武台前と同じく防諜上の理由からだった。

相武台前には9時28分に着いた。小林順編集長、岸山さんと駅で落ち合い、小田急の線路にぴたりと寄り添う神奈川県道51号、つまり行幸道路を横切ると、すぐに座間市相武台から相模原市南区相武台へと町名が変わる。市の名称は変わっても、相武台という地名はそのままなのだ。

一九三七年十二月二十日に昭和天皇が初めて行幸道路を通って陸軍士官学校を訪れたときには、付近の町村から二百七団体、三万千人が集まった（『横浜貿易新報』三七年十二月二十一日）。座間村長の稲垣許四郎は、村民に対して「前駆ノ見エタ時指揮者ハ気ヲ付ケノ号令ヲ下ス前駆ガ前ニ来タ時最敬礼ノ号令ヲ下ス奉拝者ハ最敬礼ヲナシ直ニ不動ノ姿勢ニテ陛下ヲ目迎目送ス」という具合に、敬礼の方法を細かく定めている（『座間市史4　近現代資料編2』、座間市、二〇〇三年）。この行幸の日に合わせて、座間村は町制を施行している。

当時の士官学校前駅、すなわち現在の相武台前駅付近の行幸道路でも、高齢者が午前十一時までに沿道に集まり、午後二時半頃までとどまって天皇の乗る車を奉迎、奉送したという（同）。けれども、当時の熱狂を感じさせる痕跡《こんせき》はもはや何も残っていない。

陸軍士官学校の表門に当たるキャンプ座間の正面ゲートに向かうには行幸道路を歩かなければならないが、東門に当たる4番ゲートで待つよう言われているので、行幸道路と交差する駅前通りを西に向かう。

商店街はすぐに途切れ、閑静な住宅地が広がる。十分も歩かないうちに、4番ゲートが迫ってきた。守衛が一人いる。従業員と思われる日本人の女性が、身分証を守衛に見せながら出入りしている。住宅地とキャンプ座間の境界はフェンスで仕切られており、「警告　許可なき者立ち入り禁止」と書かれた看板が英文併記で張られている。

約束していた九時五十分よりやや早く、二人の女性が現れた。在日米陸軍基地管理本部広報室報道担当の大野《おおの》美香子《みかこ》さんと同渉外課のビンガム由美《ゆみ》さんだった。

さっそく運転免許証を見せ、荷物検査を受ける。まるで入国審査だ。それが終わると通行証を与えられ、「U．S．ARMY」のナンバープレートがついたワゴン車に乗せてもらい、いよいよキャンプ座間へと入る。

キャンプ座間の敷地面積は約二百二十九万平方メートルで、そのほとんどを国有地が占めている。第一軍団（前方）司令部、在日米陸軍司令部、在日米陸軍基地管理本部などがあり、在日米陸軍の中枢部として、後方支援業務の指揮命令の統括や、作戦・訓練計画などの支援を行っている。

基地に住んでいるのはアメリカ人だけで、日本人の職員は外から通っている。市販の地図にはいっさい記されていないが、基地のなかにはチャペル、学校、レクリエーションセンター、消防署、託児所、病院、図書館、売店、フードコート、カフェテリア、郵便局、ゴルフ場、フィットネスセンターなどが完備している。ワゴン車の窓からも、英語で表記されたいくつかの建物を確認することができた。

キャンプ座間にあるのは米軍の施設だけではない。二〇一三年三月に陸上自衛隊中央即応集団司令部が朝霞駐屯地から移転し、座間駐屯地が発足している。座間駐屯地に駐屯する第4施設群の本部や本部管理中隊などの建物が、米軍の施設に隣接する形であるのだ。

まず案内されたのは、第4施設群の司令業務室であった。ここに歴史資料室があり、陸軍士官学校のジオラマが展示されていた。

このジオラマを見ると、当時の建物の配置がよくわかる。行幸通りに面して北側に表門、南側に中門があり、表門を入ると「相武臺」記念碑、大講堂、天皇陛下用防空壕《ごう》、本部、図書館を意味する文庫、職員室を意味する教官室、教室を意味する講堂などが点在する。

それらの東側に将校集会所や雄健《おたけび》神社や皇族舎が、西側に広大な体操場がある。講堂や体操場の北側には、寄宿舎に当たる生徒舎や自習室、生徒集会所、食堂、炊事場、剣術場などが点在している。

さらに北側には、廏舎《きゆうしや》が何棟も連なっている。相武台では生徒や学生だけでなく、軍事演習に使われる軍馬も一緒に生活していたのだ。文芸評論家の涌田《わくた》佑《ゆう》は、「とにかく地元の人々は『陸士』というとまず『馬』を思い浮かべる人が多く、それ程、馬の数は多かったという。多くの馬丁も農地買収の失業対策として地元民から採用された」（『郷土史としての相武台陸軍士官学校』、涌田先生の話を聞く会・相武台公民館、二〇〇六年）と述べている。

当時の建物のうち、現存しているのは「相武臺」記念碑、大講堂、天皇陛下用防空壕、生徒集会所だけである。雄健神社はいったん解体されたが、一九八五（昭和六十）年に鳥居だけが再建された。皇族舎が朝霞駐屯地に移築されて「振武台記念館」になっているのは前述の通りである。あとはすっかり解体されてしまった。

少しも変わっていないのは、台地の下に広がる相模川沿いの低地と、その向こうに連なる大山《おおやま》や丹沢《たんざわ》の嶺々《みねみね》だ。とりわけ大山の存在感はきわだっている。

相武台で学んだ長井五郎は、「大山は標高一二四六メートルの、相模平野の北にそそり立つ巨峯《きよほう》で、陸軍士官学校での生活では朝な夕な仰ぎ見ている」（前掲『青春の賦』）と回想している。座間市に長らく住んでいる詩人、蜂飼耳《はちかいみみ》も、「相模国の中部では、主役はあくまでも大山だ。山は、どっしりと座りこんでいる。その場所が気に入っているのだ」（「大山が見える」、『秘密のおこない』、毎日新聞社、二〇〇八年所収）と述べている。

キャンプ座間では、だいたいどこにいても、二等辺三角形に近い大山の山容が眺められる。大山よりも右側に連なり、より標高の高い丹沢は雲がかかっていてぼやけている。この寒さだと、雪が降っていてもおかしくはない。丹沢というのは丹沢山、蛭ヶ《ひるが》岳《たけ》、塔ノ《とうの》岳《たけ》など、いくつかの山々の総称のことだと思っているが、素人目にはどれが丹沢山でどれが蛭ヶ岳なのか、さっぱり見分けがつかない。

同行している大野美香子さんによると、首都圏にある米軍基地のなかで富士山が見えないのはキャンプ座間だけだという。富士山が見えるはずの場所に、大山が立ちはだかっているからだ。ということは、「天そそり立つ富士が峰《ね》の　とわに揺るがぬ大やしま」という校歌の歌詞に反して、陸軍士官学校からも富士山は見えなかったことになる。

ふと思った。日中戦争や太平洋戦争の戦場に送り出された卒業生たちが、大陸や太平洋の島々で山並みを見たとき、真っ先に思い出したのは相武台で日々眺めていた大山の山容ではなかったかと。彼らにとって大山とは、日本を遠く離れた戦地にあって、いつでも記憶を取り戻すことのできる懐かしい風景であり続けたに違いない。


第4施設群司令業務室の見学を終えた私たちは、再びワゴン車に乗った。基地の東側に当たる一帯は丘陵地になっていて、坂道を上ってゆく。フェンスのすぐ外側には住宅地が広がっている。大野さんいわく、アメリカ人たちはバッファーゾーンもなく、基地と住宅地が隣り合う日本独特の風景を見てぶったまげるそうだ。

丘陵地一帯にヘリポートとゴルフ場があった。ちょうどヘリコプターが着陸するところで、

キャンプ座間（旧陸軍士官学校）から眺める大山

けたたましい音を立てている。ヘリポートの近くになぜか場違いの鳥居や石灯籠《どうろう》があったが、これらはアメリカ人が趣味で建てたものだという。オリエンタリズムの反映といえようか。

　ゴルフ場にはもともと練兵場があったらしい。『昭和天皇実録』には、以下のように天皇が練兵場で観兵式を行う記述がたびたび出てくる。

> 十時五十五分、観兵式場相武台練兵場に着御される。〔賀陽宮《かやのみや》〕恒憲《つねのり》王と御対面になり、陸軍大臣東条英機《とうじようひでき》・教育総監山田乙三《やまだおとぞう》以下参集の関係者に単独又は列立の謁を賜う。ついで御料馬白雪に召され、卒業生徒を御閲兵になり、分列を御覧になる。（一九四〇年九月四日条）
>
> 十時五十八分観兵式場に着御される。〔朝《あさ》

香宮《かのみや》〕鳩彦《やすひこ》王に御対面の後、教育総監山田乙三、校長牛島満《うしじまみつる》ほかに謁を賜う。ついで御料馬初雪に乗御され、卒業生徒を御閲兵になり、分列を御覧になる。今回の観兵式に際しては、士気を鼓舞するため、陸軍側の願いを容《い》れ、式場において初めて天皇旗を下士官をして捧持せしめらる。（一九四四年四月二十日条）

このように、観兵式で天皇は必ず白馬に乗った。陸軍士官学校の卒業生は、分列行進を行い、白馬に乗る天皇を目のあたりにして感激を新たにしたのだ。それは当時、彼らだけが味わうことのできた特権であった。

ゴルフ場の向こうには住宅地が広がり、高層マンションも見えた。方角からすると、相武台前の隣の駅に当たる小田急相模原のあたりだろう。いまでこそ一面の住宅地になっているが、昭和天皇が訪れたころには演習場であった。長井五郎は、「広い！　果てしなく広い！」「やわらかいこの大地の起伏は、いったい何処まで続くのであろう。本科〔相武台〕のこの演習場を見ていると、予科〔振武台〕の東、西二つの演習場は、まるで箱庭のように思われてくる」（前掲『青春の賦』）と回想している。

ワゴン車でゴルフ場を一回りしてから、正面ゲートまで移動する。陸軍士官学校時代に表門があったところだ。行幸道路に日本製の自動車やバスが行き交っているのを見ると、ここ

「相武臺」記念碑。終戦時は地中に埋められたが、後に掘り起こされた

はまぎれもなく日本だとわかる。

だが正面ゲートのすぐ右側には、チャペルが存在感を放っている。カトリック、プロテスタントをはじめとするキリスト教やユダヤ教など、あらゆる宗派に対応できる手の込んだ造りになっている。ここがアメリカ人の施設であることをこれほど雄弁に物語る建物はほかにあるまい。

チャペルの奥に、高さ二百二十センチ、幅百七十センチ、厚さ八十センチの巨大な石碑が建っている。その表面には次の三文字が刻まれている。

――相武臺

一九四〇（昭和十五）年に建立されたこの記念碑は、陸軍大臣を務めた杉山元《すぎやまはじめ》（一八八〇～一九四五）の筆によるものだという。終戦のときに連合国軍による破壊を恐れていったん地中に埋められたが、米第八軍司令官のロバート・L・アイケルバーガー（一八八六～一九六一）の命令により、二年後に掘り起こしてもとの位置に戻された。たとえチャペルを建てても、ここが陸軍士官学校だったことを示す記念碑はちゃんと残したといえようか。

それにしても、昭和天皇はいったいなぜ、陸軍士官学校の地を「相武臺」と命名したのだろうか。

下

相武臺の三文字が刻まれた記念碑の裏には、当時の陸軍大臣、杉山元による由来記が刻まれている。

昭和十二年陸軍士官学校此《コ》ノ地ニ移ル冬十二月二十日
天皇陛下卒業式ニ行幸アラセラレ親シク生徒ノ演習ヲ臠《ミソナ》ハセ給ヒ陸軍大臣ヲ召シ本校所在地名ヲ特ニ相武臺ト賜フ大臣ハ恐懼《キヨウク》感激シ益〻練武養材ノ実ヲ挙ケ　聖旨ニ副《ソ》ヒ奉ランコトヲ奉答セリ
謹ミテ按スルニ相模国ハ古ク佐賀牟《サガム》ト訓シ古事記日本武尊東征ノ條ニ相武国ニ作ル臺ハ其ノ形勝ヲ占メ相模原ヲ控エ最モ武ヲ練リ鋭ヲ養フニ適ス乃《スナハ》チ武ヲ相《ミ》ルノ意ヲ寓《グウ》シ給ヒタルモノト拝ス（以下略）

ここには二つの由来が記されている。一つは『古事記』中巻に描かれたヤマトタケルの東征に「相武国」という地名が出てくるのにならったこと、もう一つは「最モ武ヲ練リ鋭ヲ養フニ適ス」、すなわち「武ヲ相ル」という意味が込められていることである。

ヤマトタケルに「日本武尊」の漢字があてられているが、そう表記しているのは『日本書紀』の方で、『古事記』の表記は「倭建命」が正しい。

ちなみに、天皇が後に命名する「修武臺」には「武ヲ修メル」、「振武臺」には「武ヲ振ルフ」という意味が込められている。しかし『古事記』にまでさかのぼった地名がつけられたのは相武台だけだ。

記念碑の背後に大講堂がある。陸軍士官学校時代の建物を米軍が転用したものだ。

もちろん、建物正面の屋根の中央部分に掲げられた日本陸軍を意味する星章（五光星）は、在日米陸軍のロゴマークに替わっている。陸軍士官学校時代は建物の正面から側面にかけて方柱が何本も建てられ、コロネード（列柱廊）を形作っていたが、米軍は新たに外壁をつくり、方柱をすべてそのなかに埋め込んでしまった。

ガイド役の大野美香子さんが、特別に鍵《かぎ》を開けてくださる。めったに入ることはないらしく、照明のスイッチがどこにあるのかもわからないという。結局、半分ほどしか明かりが点《つ》かず、薄暗いままでの見学となった。

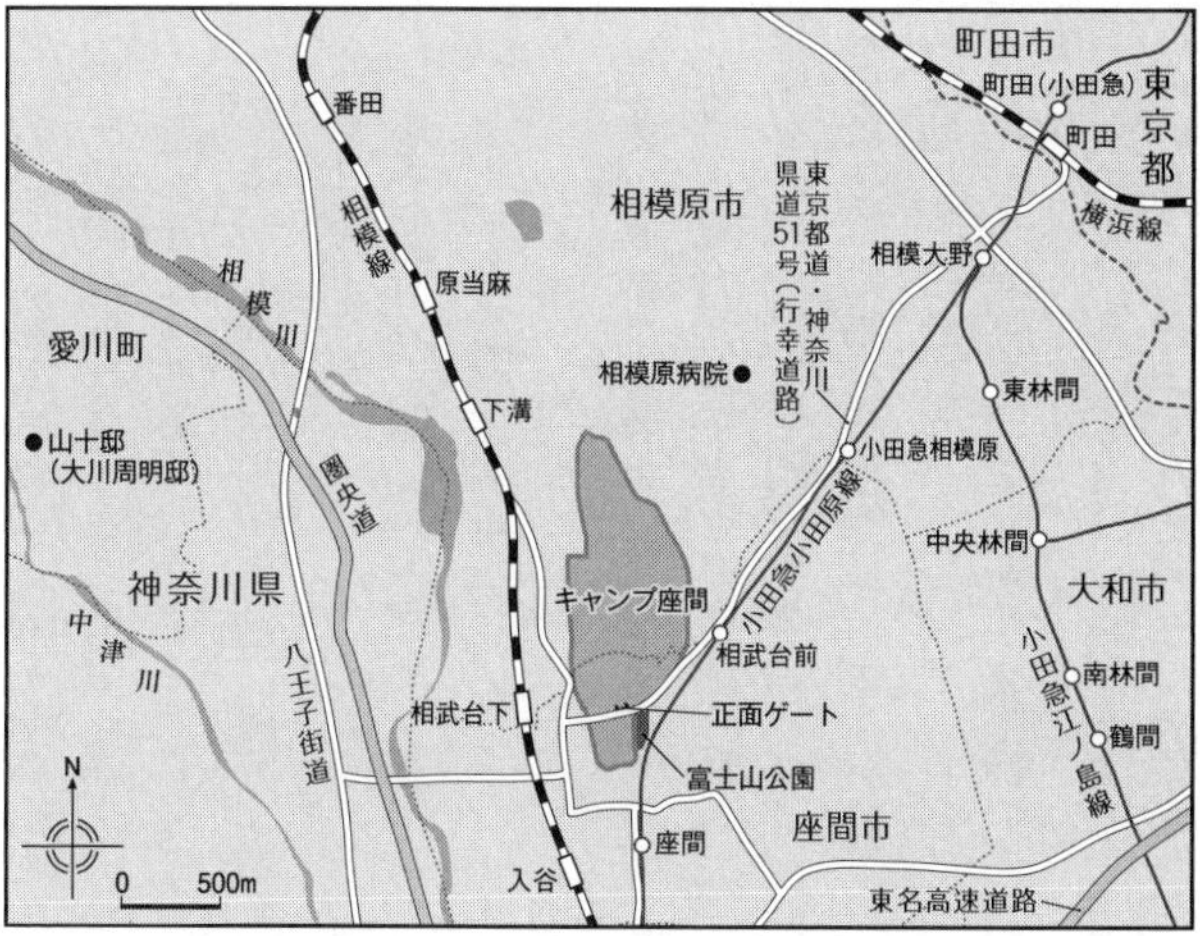

キャンプ座間周辺図。キャンプ座間は陸軍士官学校跡地に建設され、在日米軍が使用している

前方に一段高いステージがあり、後方には十二人分の座席が中央に、九人分の座席がその左右に整然と並んでいる。一見する限り、ごく普通の講堂の光景と変わらない。大野さんによると、米軍が変えてしまった外観とは異なり、内部の景観は陸軍士官学校時代とそれほど変わっていないそうだ。

昭和天皇は、陸軍士官学校の卒業式の際、ここで優秀な卒業生の講演を聴いている。その記述は、『昭和天皇実録』にたびたび出てくる。

> 午後一時、大講堂において優等卒業生徒の講演を御聴取になる。（一九四〇年二月二十七日条）

大講堂に臨御され、優等卒業の田中象二より「諸兵種協同ノ本義ニ就テ」と題する講演を御聴取になり、さらに第六講堂において卒業生徒代表の戦術・築城作業を御覧になる。(同年九月四日条)

午後、大講堂に出御され、優等卒業生徒による講演をお聞きになる。(一九四二年十二月十七日条)

午後零時五十四分、大講堂にお出ましになり、優秀卒業生徒の講演を御聴取になる。(一九四四年四月二十日条)

通常の講演であれば、講演者がステージに上がり、聴衆はステージの下の席に座っている。だがこの場合、講演者が生徒で、聴いているのは天皇だ。生徒が天皇よりも高いところから目線を下げて天皇に話をすることはあり得ない。おそらくステージの中央に玉座が設けられ、天皇はそこに座り、生徒はステージの下で起立し、天皇を仰ぎ見るようにして直立不動の姿勢で話したのだろう。

米軍は大講堂を楽団の練習場所やフェスティバルの会場として使っていたが、現在は全く使われていない。「Music And Theater Workshop」と書かれた正面玄関上の看板も取り払われていた。このままだと、いつ解体されてもおかしくはあるまい。

大講堂。戦時中ここで行われた卒業式に昭和天皇はたびたび臨席した

大講堂の背後にある小高い丘の下に、「天皇陛下用防空壕」がある。木々に覆われているために、そう言われないとあやうく見逃してしまう。

出入口は二カ所ある。大野さんが、裏口に当たる出入口の鍵を開けて入り、表口で待っている私たちのところに鍵を開けて出てきた。中に入るととても暖かい。気温は十八度で一定しているからだ。一九四二（昭和十七）年に建造されたもので、鉄筋コンクリートでできている。

約十七メートルの曲がりくねった廊下を進んでゆくと、天井の高さ約二メートル、広さ三十平方メートルのドーム状の部屋が現れた。直接は確認できないが、コンクリートの壁の厚さは七十センチ、天井の厚さは一メートル七十センチもあるという。

部屋は鋼鉄製の扉によって三つに分かれていた。天井に電球が灯《とも》されているだけで、何も置かれてはいない。天皇の避難場所として想定されたのは、真ん中の部屋だったのではないかと思った。

文芸評論家の涌田佑は、「昭和17年5月　御真影奉安用防空施設工事完了」という資料をもとに、この施設は防空壕ではなく、天皇と皇后の写真や教育勅語を納める奉安殿ではなかったかと記している。「当時、すべての学校に、御真影と教育勅語奉安は義務づけられており、陸士も学校であるからこの施設があったのである」（前掲『郷土史としての相武台陸軍士官学校』）。

しかし、これほど大がかりな奉安殿というのは見たことがない。涌田が典拠にしている資料が何を指しているのかわからないが、私自身が見る限り、これは防空壕以外の何物でもない。仮に記録があるとしても、天皇のための防空壕であることを隠すため、あえて「御真影奉安用防空施設」と記したのではないか。

この防空壕がつくられた前年に当たる一九四一年九月には、「御《お》文庫《ぶんこ》附属《ふぞく》室」（御文庫附属庫）と呼ばれる防空壕が、宮城（現・皇居）内の吹上《ふきあげ》御苑に完成している。当時はまだ太平洋戦争の開戦前であったが、空襲に備えて天皇のための防空壕の建設が、防空壕と明示しな

「天皇陛下用防空壕」内部。昭和天皇の陸軍士官学校訪問用に造られた

い形で進められていたのは確かで、天皇が定期的に訪れる陸軍士官学校のような施設に建造されたとしても、決しておかしくはない。

御文庫附属室は鉄筋コンクリート製で、出入口が二カ所あり、階段がない。部屋と部屋とは鋼鉄製の扉で隔てられている。こうした点もよく似ている。二〇一七年八月に訪れた中国東北地方の長春《ちょうしゅん》、すなわち「満洲《まんしゅう》国」の首都だった新京《しんきょう》の皇居に当たる皇宮にも皇帝溥儀《ふぎ》のための防空壕があったが、ここにも長い廊下や、鋼鉄製の扉で仕切られた部屋がいくつかあった。もちろん皇宮の防空壕のほうが規模が大きいとはいえ、構造自体は似通っている。

実際に昭和天皇がこの防空壕を使ったことは、一度もなかった。天皇の相武台への行幸はまだ本格的な空襲が始まらない一九四四年四月が最後で、空襲が激しくなる一九四五年六月には、陸軍士官学校そのものが長期演習の名のもとに、約三百名を残して長野県北佐久《きたさく》郡本牧村《もとまき》（現・佐久市）への疎開を余儀なくされた。本土決戦における米軍の予想上陸地点の相模湾に近かったためである。

したがって多くの生徒は、玉音放送を相武台では聴いていなかったことになる。八月三十日にはマッカーサーが相武台に近い厚木《あつぎ》飛行場に到着するが、それよりも前に先遣隊が厚木に着いていた。

九月三日には、米第八軍所属の第一騎兵師団傘下の大部隊が相武台に進駐する。そして九月八日には、第一騎兵師団の本隊が相武台から東京に向かっている（『座間市史5　通史編下巻』、座間市、二〇一四年）。

この間の動きを相武台前でつぶさに観察していた一人の思想家がいる。アジア主義者で、東京裁判ではA級戦犯として出廷するものの、梅毒による精神障害と診断された大川周明《おおかわしゅうめい》（一八八六～一九五七）である。

大川は一九四四（昭和十九）年七月、品川《しながわ》区の上大崎《かみおおさき》から丹沢の東側に位置する神奈川県愛甲《あいこう》郡中津《なかつ》村（現・愛川町《あいかわまち》）にあった豪農熊坂半兵衛《くまさかはんべえ》（一八三九～九七）の邸宅「山十邸《やまじゅうてい》」に疎開すると、相模川を隔てた対岸に当たる相武台前まで、自転車に乗ってしばしば通うようになった。愛人の女性を住まわせていたからだと言われている。

『大川周明日記』（岩崎学術出版社、一九八六年）によると、大川は四五年八月十四日の夜にも相武台前を訪れている。そして翌十五日には、「晴暑。正午陛下親しくラジオにて詔勅を放送し給ふ。英米ソ三国共同宣言受諾。わが四十年の興亜の努力も水泡に帰す。四時帰村」と記している。正しくは「英米ソ中四国共同宣言」（ポツダム宣言）である。午後四時に山十邸に戻っているのがわかる。

八月二十五日には「明日敵軍先発隊厚木に到着するにつき今日偵察機来る。今日より神奈川縣《けん》に一兵無きことゝなる。豫《かね》て期したること乍《なが》らいざとなれば不快感堪え難し」、八月二十七日には「朝より敵の偵察機頭上を飛ぶ。不快極まりなく終日庭の草取」、九月八日には「朝相武臺〔前〕駅にて米兵の一隊小田急にて上京する様子を約一時間見物」とある。敗戦の衝撃も覚めやらぬうちに米軍が厚木に、そして相武台に進駐したかと思うと、小田急で東京に向かってゆく目まぐるしい変化を、簡潔な文章で淡々と記している。

だが十二月十二日には山十邸に自動車がやって来て、東京の巣鴨《すがも》プリズンに護送されている。大川自身の運命もまた変転したのだ。山十邸から相武台前に通う生活は、長くは続かなかったのである。

陸軍士官学校の教室に当たる講堂が並んでいたあたりは、レクリエーションセンターになっていた。その近くの丘に、雄健神社の鳥居が建っている。

雄健神社とは聞き馴《な》れぬ名前の神社だが、陸軍施設の構内だけにある神社のことで、陸軍予科士官学校や陸軍中央幼年学校にもあった。ちなみに陸軍航空士官学校にあった神社は航空神社といった。

相武台の雄健神社は、一九三八（昭和十三）年六月に創建された。祭神はアマテラス（天照皇大神《すべらおおんかみ》）、タケミカヅチ（武甕槌命《みこと》）、オオクニヌシ（大国主命《みこと》）、フツヌシ（経津主命《みこと》）、明治天皇と、陸軍士官学校出身将校および職員文武官の戦没者（雄健大神）である。

陸軍士官学校の生徒にとって、この神社は靖国《やすくに》神社と同等の存在であった。彼らは毎朝、点呼後に雄健神社に参拝することを日課とした。四四（昭和十九）年十月に入学した長井五郎はこう述べている。


昭和十九年十二月三十一日の深夜。

あと数分で新しい年がやって来ようとする時、五郎は飛び起きて軍衣袴《はかま》を着け、雄健神社へと走った。陸軍士官学校では珍らしいことだが、この夜ばかりは深夜、校内における生徒の自由行動が許されたのである。

幾多、戦陣に死んだ先輩たちをまつる雄健神社の大前に、深々と頭を下げて祈る五郎の心の中には、「先輩の英霊よ、安らかに眠れ」と、「新しい年への敢闘の誓い」だけがあった。（前掲『青春の賦』）

だが長井の祈りもむなしく、四五年になると戦局はますます厳しくなった。六月に学校が長野県北佐久郡本牧村に疎開すると、雄健神社も同時に疎開し、望月町《もちづき》（現・佐久市）の大《おお》伴《とも》神社に合祀された。敗戦後も相武台に戻ることはなく、五六年六月に靖国神社に奉遷され、廃絶されている。

相武台の雄健神社は四五年九月五日に焼却されたが、八五年十二月に鳥居だけが再建された。現在見られる鳥居は、このときのものだ。

石段を上ったところに鳥居がある配置自体は変わっていない。しかしその向こうにあるはずの社殿はなく、ただの空き地になっている。その感じが、伊勢《いせ》神宮の古殿地《こでんち》を思い出させる。伊勢神宮では二十年おきに社殿を造替する「式年遷宮」が行われてきており、社殿を解体すると必ず空き地ができる。これを古殿地と呼んでいるのだ。そう考えると、何もないことにも意味があるように見えてくる。

雄健神社のやや北側にある生徒集会所の建物はそのまま残っていた。大講堂とは異なり、外観も変わっていない。キャンプ座間のなかで、陸軍士官学校時代の面影を忠実に残すほぼ唯一の建物と思われた。

生徒集会所には新聞が置かれていた。四四年十月二十九日、長井五郎はここで新聞を読み、「海軍の、神風特別攻撃隊敷島《しきしま》隊五勇士のことが、一面のトップを飾って大きく報道されている」のを見て、「陸軍士官学校もやらねば」と感じた(同)。十月二十五日、レイテ沖海戦で関行男《せきゆきお》(一九二一〜四四)を隊長とする神風特別攻撃隊敷島隊が突撃し、アメリカ海軍の護衛空母セント・ローを撃沈したことが、新聞に大きく報じられたのだ。生徒集会所は、自由を制限された生徒たちにとって、戦況を把握し、戦意を高揚させる場となっていたことがわかろう。

時計を見ると、もう正午を過ぎている。大野さんの案内で、カフェテリアに入った。ランチのメニューが並んでいる。小林編集長は「照り焼きチキンバーガー」を、岸山さんは「ハンバーグステーキ」を、私は「クリスピーチキンバーガー」を、それぞれ注文した。

レジが一カ所しかないため、長い行列ができている。ドルでも円でも払えるため、かえって精算に時間がかかっている。小林編集長と私が注文したハンバーガーはすぐにはできず、スタンド型の番号札を渡されたのに対して、岸山さんが注文したハンバーグステーキはすぐにできたため、並んでいる間に冷めてしまう。

精算を終えてテーブルにつくと、ようやくハンバーガーが運ばれてきた。具材が多すぎてはさめないせいか、上のバンズ（丸パン）と下のバンズが分かれている。やむを得ずナイフとフォークを持ってきてチキンやサラダを食べる。大量のフライドポテトが添えてあったので、それらもフォークで一つずつ刺して食べる。さすがにアメリカ式でボリューム満点と思ったが、味は日本のハンバーガー・チェーンよりもかえってよく、気づいたら全部平らげていた。

見回すと、迷彩服を着た米軍兵士の姿が目立つ。女性の兵士もけっこういる。自衛隊員の姿はない。あくまでも感覚としてだが、自衛隊よりも女性が多く、男女平等がより進んでいるように見えた。男性しかいなかった旧陸軍士官学校の校内に迷彩服を着た女性の姿がごく普通に見られるようになったことこそ、「戦前」から「戦後」への最大の変化といえるかもしれない。

キャンプ座間の見学を終えた私たちは、4番ゲートで通行証を返却し、相武台前駅に戻った。歩いてもよかったが、寒いのでタクシーに乗り、行幸道路を隔ててキャンプ座間と向かい合う富士山《ふじやま》公園を目指す。

富士山が見えないはずなのに富士山公園とはこれいかにと思って調べたところ、ここに第四景「『麓』と宗教」で触れた富士山信仰の浅間《せんげん》神社があったことに由来するようだ。陸軍士官学校ができると校内の一部となり、一九四〇（昭和十五）年に遥拝《ようはい》所がつくられた。戦後はいったん米軍に接収されるものの、七二年一月に返還されて公園となった。面積は約二万七千平方メートルある。

行幸道路沿いにある公園の入口から坂を上ってゆくと、遥拝所方位盤の跡が現れた。丘の上にあるにもかかわらず、木々が生い茂っているため眺望は全くきかない。富士山どころか大山も丹沢も見えなかった。

遥拝所は雄健神社と並ぶ重要な校内の施設であった。生徒たちは毎朝の雄健神社への参拝を終えると、遥拝所で宮城、伊勢神宮、靖国神社および各自の原隊や故郷に向かって遥拝した。方位盤には、遥拝するための方位と、内地や朝鮮半島、そして「満洲国」の主要都市の方位が矢印で表示されていたから、正確にどの方位に向かって遥拝すべきかがわかった。現在は方位盤自体は取り外されており、礎石だけが残っている。

遥拝所がつくられた時期は、祝祭日や記念日、あるいは昭和天皇が伊勢神宮や靖国神社に参拝した日に、特定の時間があらかじめ告知され、その時間に植民地や「満洲国」、占領地を含む全国で、ラジオの時報やサイレンを合図に人々がいっせいに宮城や伊勢神宮、靖国神社などを一分間遥拝、黙禱《もくとう》する「全国民黙禱時間」や「神宮遥拝の時間」が設けられる時期と一致していた(原武史『可視化された帝国　近代日本の行幸啓』〔増補版〕、みすず書房、二〇一一年)。陸軍士官学校の生徒たちは、こうした習慣を日ごろから率先して実践していたことになる。

陸軍士官学校の関連施設の見学は富士山公園をもって終了したが、もう一カ所訪れてみたいところがあった。相模原市南区の独立行政法人国立病院機構相模原病院である。富士山公園からだと、タクシーで行幸道路を町田方面に進めば、十五分もかからない。

ここはもともと相武台演習場の一部だった。陸軍士官学校が移設された翌年の一九三八(昭和十三)年四月、日中戦争の拡大に伴う傷病兵の急増に対応するため、ここに臨時東京第三陸軍病院が開設された。これが現在の相模原病院である。当時の敷地面積は現在の約四倍もあり、戦地からの傷病兵は四千人から五千人、多いときには六千人を超えた。同年三月に開業した小田原急行鉄道(現・小田急小田原線)の相模原(現・小田急相模原)駅も、臨時東京第三陸軍病院の下車駅として開設されたという。

国鉄時代の地方の駅舎を思わせる古びた病院の建物の前には、広大な駐車場があった。その一角に、陸軍省医務局長だった三木《みき》良英《よしひで》(一八八七〜一九七〇)の筆による「行幸記念碑」が建っている。キャンプ座間で見た「相武臺」記念碑に劣らぬほど立派なものだ。

裏面には、「行幸　昭和十四年三月十四日　臨時東京第三陸軍病院」と記されている。『昭和天皇実録』同日条には、次のような記述がある。

〔午後〕一時五分、原町田駅に御着車になり、相模原の臨時東京第三陸軍病院に行幸される。便殿において、陸軍大臣板垣征四郎《いたがきせいしろう》・陸軍省医務局長三木良英・同病院長吉植精逸《よしうえせいいち》・神奈川県知事大村清一《おおむらせいいち》に謁を賜い、吉植病院長より奏上を受けられた後、院内を巡覧される。

昭和天皇は、陸軍士官学校を訪れたときと同様、横浜線の原町田駅から自動車に乗り、行幸道路を経由して病院を訪れたことがわかる。

戦後の天皇はしばしば病院を訪れたが、戦前の天皇が病院を訪れたのは、これが空前にして絶後であった。拙著『皇后考』（講談社学術文庫、二〇一七年）に記したように、明治後期から昭和初期にかけて、病院を訪れるのは天皇ではなく、皇后をはじめとする女性皇族の役割とされたからだ。前例を破る形で天皇が訪れたのは、それだけこの病院が当時の戦争と密接な関わりをもっていたことを暗示している。

一九四一（昭和十六）年六月には、昭和天皇の母に当たる皇太后節子《さだこ》（貞明《ていめい》皇后）が、臨時東京第三陸軍病院を訪れている。病院は、「今般　皇太后陛下には畏《かしこ》くも戦傷将兵の上に篤き御仁慈を垂れさせ給ひ当院へ行啓親しく御慰問を賜る有難き御沙汰《さた》を拝し病院当局は勿論《もちろん》傷兵一同只々恐懼感激罷在候《まかりありそうろう》」とする書簡を座間町長に出している（前掲『座間市史4近現代資料編2』）。

このとき招待されたのが、愛国婦人会や国防婦人会といった女性団体であった。臨時東京第三陸軍病院では、愛国婦人会や国防婦人会を中心とした傷病兵慰問活動が盛んに行われていた（同）。

陸軍士官学校も臨時東京第三陸軍病院も同じ相武台にあり、陸軍が関わっていた点でも共通していた。しかし、前者がもっぱら男性だけが通う学校だったのに対して、後者には「銃後の守り」に徹する女性たちがいた。両者があいまって、日本は戦争への道をつき進んだのだ。相武台には、そうした歴史が凝縮されている。

第七景　「半島」と政治

上

二〇一九年の四月二十一日、鹿児島県垂水《たるみず》市に一人の女性議員が誕生した。一九五八（昭和三十三）年の市制施行以来、全国で唯一、女性市議が出たことがなかった不名誉な記録が、ようやく破られたのだ。

鹿児島のシンボルといえば、いまなお噴煙を上げている桜島《さくらじま》だろう。垂水市は、一九一四（大正三）年の噴火で桜島と陸続きになった大隅《おおすみ》半島にある。

鹿児島県の面積は約九千百八十七平方キロメートルと、九州の県で最も広く、全国の都道府県でも十番目に広い。県内には鹿児島湾（錦江《きんこう》湾）をはさむようにして、薩摩《さつま》半島と大隅半島という二つの大きな半島がある。

このうち、県都の鹿児島市をはじめ、指宿《いぶすき》市や枕崎《まくらざき》市、南九州市などがあり、人口が集中しているのが薩摩半島である。鹿児島中央と枕崎の間には、半島を縁取るようにしてJR指宿枕崎線が通じている。JR九州は、この線に「指宿のたまて箱」と称する豪華な特急列車

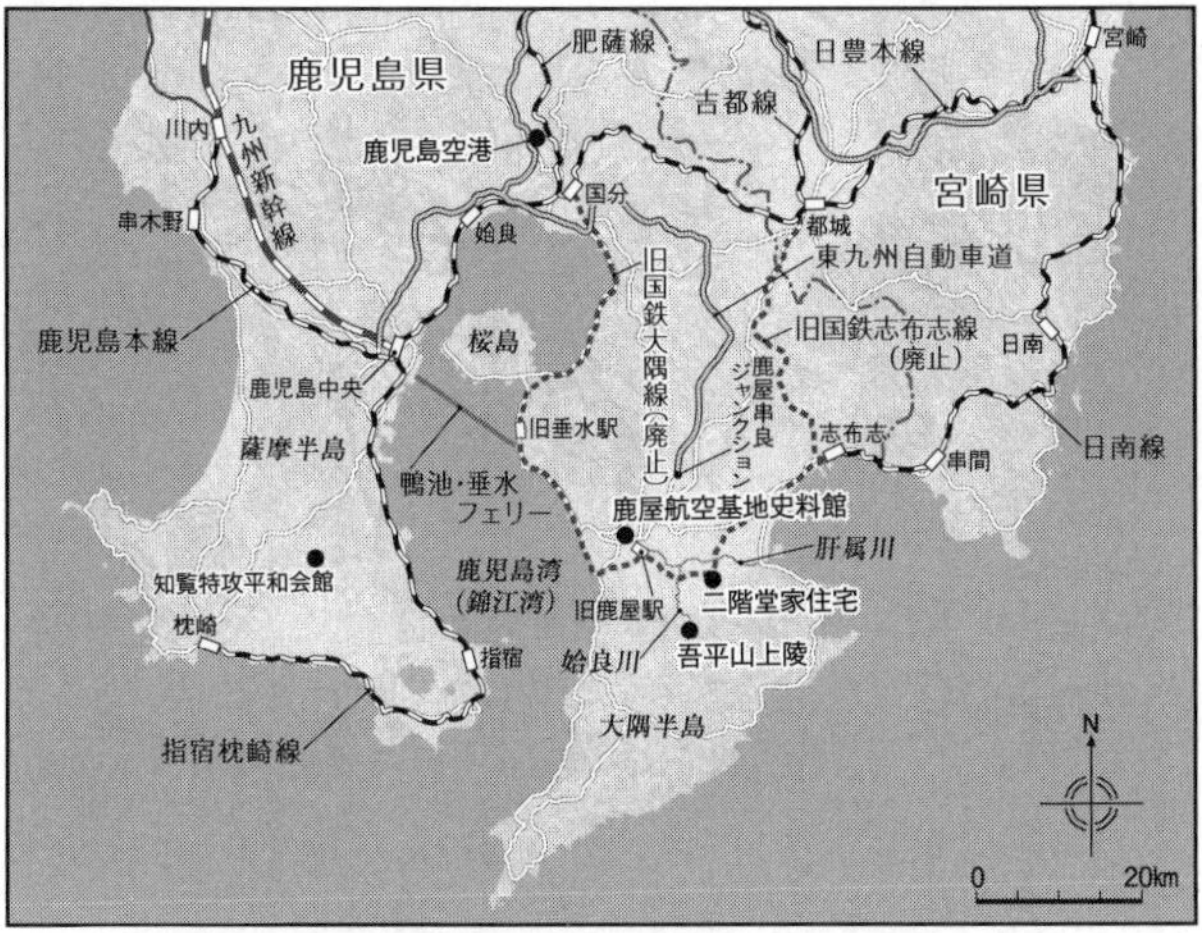

大隅半島とその周辺図。大隅半島には鉄道路線がない

を走らせ、国の内外から多くの観光客を集めている。

女性の政治進出も、薩摩半島の方が早かった。例えば二〇一五年度のデータを見ると、薩摩半島では女性議員がいない自治体はすでに一つもなかったのに対して、大隅半島ではそうした自治体がまだ五つもあった（内閣府男女共同参画局ホームページ）。その一つが、冒頭に触れた垂水市だった。

大隅半島には垂水市のほか、鹿屋《かのや》市や曽《そ》於《お》市などがあるが、最も人口の多い鹿屋市でも約十万人と、鹿児島市の約六分の一にすぎない。

国鉄時代には、半島東部の志布志《しぶし》から鹿屋や垂水を経て日豊《にっぽう》本線の国分《こくぶ》に至る大隅線があった。だが分割民営化される直前の八七年三月に廃止された。総延長が九十八・三キロに及ぶ国鉄のローカル線が一挙に廃止されるような例は、北海道の羽幌線《はぼろ》（百四十一・一キロ）を除いてほかになかった。

大隅線が走っていたルートに並行する国道には、現在路線バスの便がある。けれども鉄道よりも時間がかかるため、ほとんどの地元住民は自家用車を使っている。鹿屋―西鹿児島（現・鹿児島中央）間を結ぶ快速も運転されていた大隅線があった時代に比べると、「外」からの観光客が訪れにくくなっているのは否定できない。

鹿児島市から垂水市に行く最も一般的な方法は、桜島の南側を経由して鹿児島湾を横断し、垂水港へと至るフェリーを使うことだ。本数は一時間に一、二本と比較的多く、所要時間も四十分しかかからない。

こうして見ると、大隅半島は「半島」というよりもむしろ「島」に近い。鹿児島港からフェリーの便がある種子島《たねがしま》や屋久島《やくしま》などと同様、海を隔てているからだ。鹿児島市とじかにつながっている薩摩半島とは、この点でも異なる。

戦中期には、薩摩半島も大隅半島も、海軍や陸軍の基地が沖縄特攻作戦の最前線基地となった。最も有名なのは、薩摩半島の知覧《ちらん》陸軍基地だろう。一方、大隅半島には、海軍の鹿屋航空基地があった。ここは一九三六（昭和十一）年に鹿屋海軍航空隊が創設されてから海軍の重要基地となり、四五年二月には第五航空艦隊司令部が設置され、九百八名の特攻隊員が出撃した。特攻基地の規模としては、人数、機体数ともに鹿屋が知覧を上回った。

しかも戦後、知覧陸軍基地は完全になくなったのに対して、海軍の鹿屋航空基地は米軍の駐留を経て海上自衛隊鹿屋航空基地となり、海軍時代と同じく広大な場所を占めている。この点では薩摩半島よりも大隅半島の方が、戦前と戦後の間に連続性があるといえる。

こうした大隅半島ならではの特徴は、当然この半島の政治風土、すなわち女性が政治になかなか進出できない風土にも影響を及ぼしているに違いない。垂水市議選で初めて女性として当選した池田《いけだ》みすずさんに会って話を聞くことができれば、その一端がわかるかもしれない。首都圏にいるだけでは解明できない「半島」と政治の関係を、政治学者として知りたいと思った。

五月十七日正午、KADOKAWAの小林順さん、岸山征寛さんとともに羽田《はねだ》から鹿児島空港まで飛行機に乗った。すでに沖縄県と鹿児島県の奄美《あまみ》地方は梅雨入りしている。九州はまだ梅雨入りしていないものの、鹿児島県を含む南九州の天気予報は十七日は夕方から雨、十八日は終日雨と出ている。本書の取材はこれまで一度も雨に降られたことがなかったのに、ついに前例が破られそうだ。

鹿児島空港には定刻の13時50分に着いた。前述のように、大隅半島は公共交通機関が全く使えないので、レンタカーを借りる。小林さんが運転する車はすぐ九州自動車道に入っていったん西に向かい、加治木《かじき》ジャンクションで東九州自動車道に入ってこんどは東に向かった。

右手に鹿児島湾が迫ってくる。その向こうには桜島が見えるが、あいにく曇っていてぼやけている。鹿児島おはら節で「煙草は国分」と唄《うた》われた旧国分（現・霧島《きりしま》）市街を抜けると、いよいよ大隅半島の内陸部へと入ってゆく。起伏に富むシラス台地に水田は少なく、人家も見かけない。亜熱帯を思わせる常緑樹の緑が目に鮮やかだ。鉄道のように駅があるわけでもないので、どのあたりを走っているのか、見当もつかない。

空港から一時間以上走ってようやく鹿屋串良《くしら》ジャンクションに達する。串良にもかつては海軍の特攻基地があったが、戦後に廃止され、串良町は吾平町《あいらちょう》、輝北町《きほくちょう》とともに二〇〇六年に鹿屋市に合併されている。

ここから旧吾平町にある吾平山上陵《あいらのやまのうえのみささぎ》に向かう。神武《じんむ》天皇の父、ウガヤフキアエズ（鸕鷀草葺不合尊《みこと》）と母、タマヨリヒメ（玉依姫命《みこと》）の陵墓とされている。『日本書紀《にほんしょき》』によると、アマテラスの孫、ニニギ（瓊瓊杵尊《みこと》）が高天原《たかまのはら》から南九州に降りてきた。これを「天孫降臨」と称する。ニニギの子がヒコホホデミ（彦火火出見尊《みこと》）、その子がウガヤフキアエズである。ウガヤフキアエズの子である神武が南九州から近畿《きんき》に向かい、橿《かし》原《はら》で初代の天皇として即位したことになっている。

吾平山上陵ばかりか、ニニギの陵墓（可愛山陵《えのみささぎ》）とヒコホホデミの陵墓（高屋山上陵《たかやのやまのえのみささぎ》）も鹿児島県にある。だが大隅半島にあるのは、吾平山上陵だけだ。『日本書紀』の「日向《ひゅうが》の吾平山上陵に葬りまつる」という記述をもとに、政府がこの地をウガヤフキアエズの陵墓と定めたのは、一八七四（明治七）年のことだった（ただし反論があり、政府は一八九六年に宮崎県日南市《にちなん》の鵜戸《うど》神宮近くの速日峯《はやひのみね》山上を「御陵墓伝説地吾平山上陵」とした）。

空港からここまで一時間半かかった。車でなければとてもたどり着けない山中にある。そのせいか、訪れる人の姿はほとんど見かけない。

参道を少し入ったところに、行幸記念碑が建っている。昭和天皇が一九三五（昭和十）年十一月十八日に参拝したことを記念したものだ。このとき天皇は、宮崎、鹿児島両県内を巡幸したが、可愛山陵や高屋山上陵には参拝していない。吾平山上陵だけを参拝したのは、神武天皇の両親の陵墓であることが重視されたからだろうか。

一九六二（昭和三十七）年五月九日には、鹿児島県を訪れた皇太子（現上皇）夫妻が参拝している。実はこの二日前に行われた青年代表との懇談会で、皇太子妃（現上皇后）は「鹿児島は封建的なところだというので、できるだけ2人並ばぬようあとへさがっていたのですよ……」と発言している（『皇太子殿下　同妃殿下行啓誌』、鹿児島県、一九六八年）。当時は皇室ですら、鹿児島には男尊女卑の気風がまだ残っていることを意識せざるを得なかったのだ。

陵墓にたどり着くまでに、始良川《あいらがわ》を三回渡る。橋の欄干はこけむしている。川を渡るたびに木々の緑が濃さを増し、三つ目の橋を渡るとスギの木立ちが神域をかたちづくっている。空気がひんやりしてくる。

始良川の水は清浄そのもので、底まで透き通っている。まるで伊勢神宮の内宮《ないくう》（皇大神宮）を流れる五十鈴川《いすずがわ》のようだ。内宮同様、参道の途中で直接川に下りて身を清めることのできる石段まである。

案の定ここは、「小伊勢」と呼ばれているらしい。昭和天皇や皇太子夫妻がわざわざここまで来て参拝する理由もわかるような気がした。

川の上流へと続く参道を歩いてゆくと、欄干のない橋がかかった向こう側に山が見えてきた。山麓《さんろく》には鳥居と洞窟《どうくつ》（鵜戸窟）がある。この洞窟こそ、ウガヤフキアエズとタマヨリヒメの陵墓にほかならない。

橋は立ち入り禁止になっているため確認はできないが、洞窟の中には二つの墓があり、大きいほうがウガヤフキアエズ、小さいほうがタマヨリヒメだという。やはり男女の区別（差別）は歴然としている。

大隅半島と政治のつながりを語るうえで、欠かすことのできない人物が二人いる。高山村《こうやま》

吾平山上陵の鳥居と洞窟。手前の橋は立ち入り禁止となっていた

（現・肝付町《きもつきちょう》）出身の二階堂進《にかいどうすすむ》（一九〇九～二〇〇〇）と、末吉《すえよし》村（現・曽於市）出身の山中貞則《やまなかさだのり》（一九二一～二〇〇四）だ。二人が死去した翌日の鹿児島県紙『南日本新聞』（二〇〇〇年二月四日および二〇〇四年二月二十一日）は、どちらも一面トップでそれぞれの死を大きく報じている。

　二階堂は四六年の衆議院総選挙で、山中は五三年の衆議院総選挙で初当選した。五五年の保守合同で自民《じみん》党が誕生してからはともに同党に所属し、大隅半島と種子島、屋久島を選挙区とする鹿児島三区（九四年から鹿児島五区。現在は鹿児島四区）から出馬し続けた。

　二階堂は科学技術庁長官・北海道開発庁長官、内閣官房長官、党幹事長、副総裁などを歴任し、自民党の田中《たなか》派から分裂した「二階堂グループ」を率いたが、九六年に政界を引退した。山中もまた総理府総務長官、環境庁長官、防衛庁長官、通産大臣、自民党税調会長などを歴任し、九〇年の総選挙で一度落選したものの九三年に返り咲き、死去するまで衆院議員の座にあった。

つまり鹿児島三区では、五〇年代から九〇年代まで、基本的にずっと二階堂進と山中貞則という二人の男性政治家が、あたかも指定席のごとく、衆院の議席を分け合ってきたことになる。大隅半島の政治風土を考える上で、この事実はきわめて重要ではないか。

政治学者として八〇年代に鹿児島三区を取材した高畠通敏《たかばたけみちとし》は、一九八六年に刊行された『地方の王国』（講談社学術文庫、二〇一三年）のなかでこう述べている。

二階堂進、山中〔貞則〕の二人は、議席にいすわりはじめてから三十年以上にもなり、三区専属の終身議員の観を呈しているといっても過言ではない。そしてまた、この大隅半島の人びとがくり返し私に語ったのは、この二人の〝大物〟を送りだしているために、大隅半島が鹿児島の中でもどれだけ〝日が照って〟いるかの神話であった。

半島中のいたるところに、山中道路、二階堂道路と呼ばれる舗装道が、農道のはてにいたるまではりめぐらされ、田舎都市の鹿屋には国立体育大学が建設され、新大隅開発計画が推進されて、志布志湾には国家の手による大規模な石油備蓄基地の建設が決定されたばかりであることを、人びとは素朴にも自慢するのだった。かの田中角栄の新潟三区には及びもつかないかもしれないが、しかしその次か次の次くらいに大隅半島は位置するのではないかと。

このときはまだ大隅線などの鉄道は廃止されていなかったが、たとえ鉄道が廃止されても、「山中道路」や「二階堂道路」があれば生活に支障はないということになるのだろうか。この道路に対する信仰心は、田中角栄《かくえい》の権力で上越《じょうえつ》新幹線が建設された新潟三区とは異なる。それはおそらく、鹿児島三区が新潟三区とは異なり、東京と直接つながることのできない辺境の半島にあったことと関係があるに違いない。

二階堂の実家は、現在国の重要文化財に指定され、一般公開されている。山中の実家も、現在「山中貞則顕彰館」として一般公開されている。どちらにも訪れたいが、後者の見学は翌日に回し、吾平山上陵から比較的近い前者のほうから見学しようと考えた。

車を飛ばすこと十分あまりにして、二階堂家住宅に着く。文化《ぶんか》七（一八一〇）年頃の建立とされる、木造茅葺《かやぶ》き屋根寄棟造りの平屋の建物が二軒、屋根をつなげて連なっている。一方が客間とおぼしき「おもて」、他方が日常の空間である「なかえ」と呼ばれている。二階堂進はこの家の最後の住人で、現在は空き家になっている。

しかし、三百円の入場料を払ったわりにはただ住宅が公開されているだけで、肝心の二階堂進に関する具体的な説明は何もなかった。それどころか、薄暗い部屋の中央には、なぜかパンダの大きな人形が置かれていた。あとは庭に二階堂自身の銅像が建っているだけだった。

ここに来れば、二階堂が鹿児島三区で十五回も当選できた理由の一端を探れるのではないかと思っていたのに、どうやら空振りに終わったようだ。

気を取り直して、鹿屋方向に車を走らせる。その途中、道路に並行してサイクリングロードのようになっている小さな道があることに気づく。一九八七年に廃止された大隅線の廃線跡に違いない。

鹿屋市役所に隣接して、鹿屋市鉄道記念館が建っている。廃止された大隅線の鹿屋駅をそのまま記念館にしたものだ。駅舎やホームが残り、一輛《りょう》のディーゼルカーが停車している。もちろんこの列車が動くことはない。まるで動物の剝製《はくせい》か昆虫の標本を見ているかのようだ。

かつてはここが鹿屋市の中心であり、鹿児島とつながる玄関駅としての役割を果たしていたのだろうが、いまでは駅に相当するランドマークがない。鹿屋駅とともに発展してきたと思われるアーケードの商店街も、見事なほどシャッター通りと化していた。「鉄道が廃止されて栄えた街はない」という元三陸鉄道社長、望月正彦《もちづきまさひこ》さんの名言がまざまざとよみがえってくる。

鹿屋航空基地史料館にある零式艦上戦闘機。修復された実機である

この日は「ホテル太平《たいへい》温泉」という、鹿屋の中心部からほど近いホテルに泊まった。大隅半島が「島」に近いことを実感するためには、同じ温泉でも鹿児島湾に面した垂水市の海潟《かいがた》温泉に泊まりたかったのだが、満室でとれなかった。しかもこのホテルは、「ホテル」と「温泉」が完全に分かれていて、「温泉」は銭湯に等しかった。ホテルの客よりも、車でやって来る客のほうがずっと多いのだ。「ホテル」というのも名ばかりで、食堂でテレビを見ながら自分で炊飯器を開けてご飯をお代わりしているうちに、中学時代のバドミントン部の合宿所を思い出した。

翌日目を覚ますと、雨の音がする。テレビの天気予報は、暖かく湿った空気の影響で、南九州はところによって激しい雨が降ると注意を呼びかけている。

垂水市議の池田みすずさんとは垂水の「道の駅たるみずはまびら」で午前十時半に会うことになっているので、その前の時間を利用し、海上自衛隊鹿屋航空基地の敷地内にある鹿屋航空基地史料館に向かう。

九時前にホテルを出て西に向かうと、すぐに風景が一変する。築三十年は経っているかと思われる県営の団地群が見えてくるからだ。前日に街の寂れようを見たばかりの眼には、まるでもう一つの街が出現したように映る。その中心にあるのが鹿屋航空基地だ。

九時過ぎに史料館に入る。一九九三（平成五）年に開館したこの史料館は、海上自衛隊航空部隊の活動を展示する一階展示室と、海軍航空隊の歴史を展示する二階展示室からなるが、順路としてまず見るべきは後者のほうで、修復された零式艦上戦闘機（零戦《ゼロせん》）が展示されている。

それだけではない。鹿屋から飛び立った特攻隊員の写真や遺書、遺品なども展示されていた。しかし特攻の精神を賛美するかのような説明がなされていたことに、違和感を覚えずにはいられなかった。

史料館で購入した『魂《こころ》のさけび　鹿屋航空基地新史料館十周年記念誌』（鹿屋航空基地史料館連絡協議会、二〇〇三年）には、次のような一節がある。

大東亜《だいとうあ》戦争末期、日本国存亡の危機に際して平均二十歳の若人《わこうど》が、飛行機に爆弾を抱えて人間爆弾となり、敵艦船に体当たりした特別攻撃隊員の行為は敵を精神的に震え上がらせた。

その行為の根底にあるものは、わが国古来の人としての心、武士道の精神であり、現在も「カミカゼ」として各国軍人から畏敬《いけい》の念をもって見られている。特攻という人命軽視の行為はともかく、その精神は後世に残すべき伝統ではないだろうか。

現在でも若人がスポーツ等で身体を鍛える時に、よく先生方が武士道精神を持ち出されて指導される。

その武士道精神は、古来より定住型の共同生活を基本として争い事を好まない農耕国家として形成された我が国が、平安時代ごろから自戒体制としての武士制度を誕生させ、鎌倉《かまくら》から江戸《えど》時代を経て明治維新に至るまで武士社会が続く中、戦闘集団としての武士の存在を継続させるために、その道徳心の支柱として武士道が重んぜられてきた。

武士道は時代の変化に応じて変容してきたが、根本原理は強くあること、如何《いか》に死すべきか、如何に美しくあるべきか、そして犠牲的・献身的精神も含まれ、その精神は日常生活にも重視されてきた。

武士道という言葉が明治以降に広まったものであり、それ以前には一般的に使われたことがなかったという歴史学界の常識に照らせば、この引用文の根底にあるイデオロギーはあまりにも露骨である。こうした歴史観が堂々と表明されていること自体、実に驚くべきものだ。

高畠通敏は、「六百年近くの島津藩の閉鎖的統治の下で、鹿児島の武士層は、全国の密度のほぼ六倍、郷士をふくめて人口の三分の一近くに達していたと推定されている。彼らは郷中教育という尚武主義の教育に徹底し、若者は『議をいうな』と年長者への無条件服従を習慣づけられてきた。（中略）この気風と伝統は明治以降も敗戦まで持続し、〃士族にあらざれば人にあらず〃という扱いは、戦後の民主化によってようやくあらためられるようになったという」（前掲『地方の王国』）と記すが、「戦後の民主化」によっても変わらない部分は、決して小さくないことがわかる。

二階展示室には、特攻隊員を銃後で支えた鹿屋高等女学校の生徒や女子挺身隊《ていしんたい》に関する史料も展示されていた。武士道精神を体現するのはあくまでも男性であり、女性はそれを助ける存在であるべきだとする固定的な男女観が、図らずもあらわになっている。

大隅半島の歴史に詳しい詩人の高木秀吉《たかぎしゅうきち》は、「男はいざというときはお国のために身命をささげねばならぬから大事にする、そう言われてきました。しかし、これはわたしの意見ですが、女が男をたてまつって大事にするのは、そういう気風のあらわれと同時に、やはり弾丸に当らぬように、負傷や病気をせぬようにという女たちの愛情のあらわれだとおもいます」としながら、「いずれにせよ男がすべての中心になっていたことは疑いをいれませんね」と述べている（松永伍一『日本のナショナリズム　九州山脈にその源流を探る』、大和選書、一九六五年）。

鹿屋海軍航空基地は、戦後も占領軍の進駐を経て、海上自衛隊鹿屋航空基地に受け継がれた。二階展示室に続いて一階展示室を見ると、鹿屋という街で戦前と戦後がいかに連続しているかがわかる。それは結局、先に引用したようなイデオロギーが、いまもなおこの街では命脈を保っていることを意味してはいないだろうか。

二階の窓からは、航空基地が眺められた。雨にけむっていて、遠くがかすんでいる。どこまで広がっているのかもわからないほどだ。大隅半島の中央部を占めるその区域はあたかも、一般人が決して立ち入ることのできない「聖域」のように思われた。

戦前の大規模な軍事施設が、戦後になると自衛隊の中核施設としてそのまま使われている都市としては、ほかに北海道旭川《あさひかわ》市が挙げられる（原武史『「線」の思考　鉄道と宗教と天皇と』、新潮文庫、二〇二三年）。陸軍の第七師団があったところが、陸上自衛隊旭川駐屯地になっているからだ。

だがもちろん、特攻隊員がここから飛び立つことはなかった。確かに旭川駐屯地に隣接する陸上自衛隊の北鎮《ほくちん》記念館には、太平洋《たいへいよう》戦争末期の北海道の防衛態勢や、一九四五年八月十五日の前後に南樺太《からふと》や千島《ちしま》列島に侵攻してきたソ連軍との戦闘などに関する展示もあったが、武士道精神をたたえるような説明はなかった。自衛隊のコーナーはごく一部だけで、戦前と戦後の断絶のほうが強調されていた。

交通網という観点から見ても、戦前は石狩《いしかり》川の南側に当たる旭川の市街地と北側に当たる師団の間に路面電車が頻繁に走っていて、両者は有機的につながっていたのに対して、戦後は路面電車が廃止され、市の中心は完全に南側に移ってしまった。これに伴い、陸上自衛隊の存在自体が見えにくくなってしまったのだ。

この点で、鹿屋は旭川とは全く異なる。旭川に見られたような戦前と戦後の明確な断絶はないからだ。しかも鹿屋は、旭川より街の規模がはるかに小さく、その分だけ相対的に航空基地が占める割合が大きい。大隅線が廃止され、市の中心部が空洞化すればするほど、基地の比重がますます大きくなっている印象すらある。

旭川では、敗戦直前の四五年八月に第七師団から三個大隊が南樺太に向かったことを知っている市民はほとんどいないだろう。これに対して鹿屋では、同年三月以降、航空基地から多くの特攻隊員が沖縄に向けて飛び立ったことを知っている市民は少なくないはずだ。

鹿屋航空基地史料館を見学してよくわかったことがある。鹿屋では旭川よりも、先の戦争がずっと身近に感じられるということだ。しかも戦争の本質は、特攻の精神にすべて還元される。女性議員がなかなか進出できなかった大隅半島の政治風土とも、このことは決して無縁ではあるまい。

下

雨足が強まっている。小林順さんが運転するレンタカーは、鹿屋航空基地史料館を出ると、カーナビの指示に従い、鹿屋と垂水の間を結ぶ国道２２０号を西へと向かっている。

途中、鹿屋体育大学の前を通る。一九八一（昭和五十六）年に設置された国立唯一の体育大学だ。高畠通敏が述べたように二階堂進が誘致したとされているが、鹿児島市からはもちろん、鹿屋の中心部からもかなり離れている。当時の文部大臣が「あんな田舎に」と難色を示したのもわかる気がした。

まもなく左手に鹿児島湾が姿を現した。だが分厚い雨雲が上空を覆っていて、視界がきかない。対岸の薩摩半島はおろか、桜島も見えない。

それまでずっとシラス台地の上を走っていた車は、急な坂道を下り、ひなびた漁村に出る。古江《ふるえ》という集落だ。大隅線があった時代には、駅も置かれていた。

海沿いの道を進んでゆくと、鹿屋市から垂水市に入る。道路に並行して、大隅線の廃線跡が眺められる。道路よりも一段高いところに線路が敷かれている。古江と垂水市の海潟（七二年の全通時に海潟温泉と改称）の間は、比較的新しい一九六一（昭和三十六）年四月に開業したせいか、築堤がコンクリートで固められていて、しっかりしている。線路を改めて敷けば、すぐにでも列車が走れそうだ。

一九七八年十二月十九日に大隅線のこの区間に乗った作家の宮脇俊三《みやわきしゅんぞう》（一九二六〜二〇〇三）は、こう記している。

〔鹿児島〕湾岸沿いに北に向うから桜島が近づいてくる。噴煙は南に流れて大隅線沿線の空を覆い、駅のホームも民家の屋根も火山灰で粉っぽい。このあたりはビワの畑が多いが、濃緑色のはずの葉も灰色をしている。海は青くきれいだが、大地は一面に灰色だ。

（『最長片道切符の旅』、新潮社、二〇〇八年）

けれどもいまは全然違う。海も空も等しくどんよりとした色に覆われ、桜島は見えない。気象庁によると、桜島の火山活動は落ち着いていて、少なくとも見た目には、火山灰の影響は感じられない。

ちょうど午前十時半に、鹿児島湾に面して立つ「道の駅たるみずはまびら」に着いた。二〇一八年十一月にできたばかりの新しい道の駅だ。かつて垂水駅があったところよりは、三キロ以上も南側にある。

待ち合わせに指定した二階のカフェに行くと、池田みすずさんがもう待っていた。一九年四月二十一日の垂水市議選で六百九十六票を獲得し、第三位で当選して初めての女性市議となったのはまだ記憶に新しい。

——今日はお忙しいところ、わざわざ私たちのために時間を割いていただき、ありがとうございます。垂水市で初めての女性市議ということで、これまでに多くの取材を受けられたと思いますが、改めてなぜ立候補を思い立たれたのか、その動機から教えていただけませんか。

「私は垂水に生まれ育ちました。市議になりたいと思ったのは、父からの影響が大きいです。幼いころから、市議選があると、父はカラスをしていたからです。カラスというのは、ウグイス嬢の男性版のことです。父の声が聞こえてくると、あわてて道路に走り出て、手を振ったものでした。そのような父の姿を見ながら育ちましたので、いつしか市政にかかわる仕事をしたいと思うようになりました」

——反対はなかったのですか。

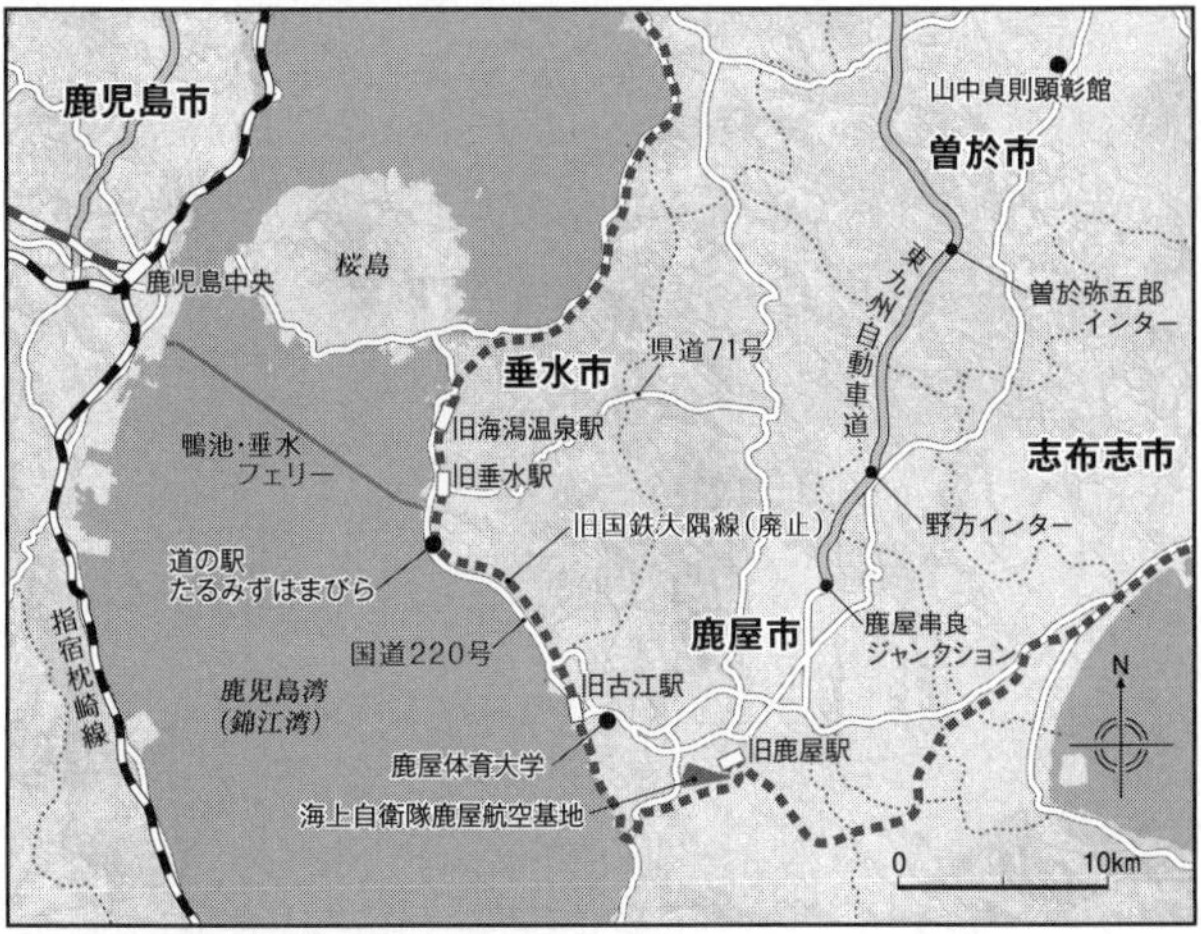

鹿児島県垂水市周辺図。垂水市は女性議員が2019年までいなかった

「もちろんありました。父は六年前に他界したのですが、母が反対したのです。大隅地方には、『おなごのくせに』と呼ばれる風土がまだまだあります。しかも私はバツイチ。世間体を考えろとか、市議になるというのはおまえが考えるほど甘いもんじゃないなどと言われました。

ただ私は、今年の三月二十日まで鹿屋の会計事務所で働いていました。そこでは男性と女性の間に違いはなく、特に差別されているとも思いませんでした。そうした経験をもとに、市民の役に立つ仕事をしたいと言ったら、母も最終的には納得してくれました」

――女性候補であることを意識されましたか。

「意識しなかったといえば嘘になります。男性よりも前に出ていると思われないようにするために、派手な恰好《かっこう》はせず、作業衣に雨靴で通しました。なるべく控えめに振る舞い、自分から積極的にしゃべるというより、人の話をよく聞く姿勢に徹しました。選挙カーも、男性候補が使うようなワンボックスカーではなく、あえて小型乗用車のホンダ・フィットにしました」

池田さんは、福岡県の短大を出てから地元に帰り、鹿屋の会計事務所で働いた。ちなみに鹿児島県の四年制大学への進学率は、男子が四三・四％で全国三十五位なのに対し、女子は三四・一％で最下位。だが、女子の短大進学率は一五・一％で一位だ。ジェンダー論を研究する鹿児島国際大学の山田晋《やまだすすむ》名誉教授は、「希望する進学を妨げられて女性が負うハンデが、学歴に対する偏見と相まって、女性議員の誕生も阻んでいる」と指摘している（「朝日新聞デジタル」二〇一九年三月二十七日）。

実は垂水市議選には、もう一人の女性が立候補していた。垂水でエステ店を経営している髙橋理枝子《たかはしりえこ》さんだ。しかし池田さんより三百票以上も少ない三百五十五票しか集まらず、次点に終わった。

池田さんの話を聞いているうちに、髙橋さんのことが気になった。直接会ってはいないので断言はできないが、髙橋さんは池田さんとは異なり、自分の意見をしっかりと言うタイプの女性だったのではないか。そうした姿勢が、男性の有権者から敬遠されてしまったのではないか。

大隅半島では、地区の会合でも議論の中心は男性で、女性が意見を言うべきではないという意識が、男性にも女性にもあるという。もし髙橋さんがこの意識に逆らったために落選したならば、たとえ女性市議がようやく誕生しても、男性中心的な大隅半島の政治風土そのものは、少しも変わっていないことになる。

——選挙活動中に何か気づかれたことはありましたか。

「垂水の男性市議は、市内の各地区の代表という性格をもっています。つまり私を支持するということは、自分が所属している地区の代表に投票しないことを意味します。それを知られたくないという空気を感じました。うっかり知られてしまうと、古くからの地区の人間関係にも悪影響を及ぼしかねないからです。

もともと『がんばってね』と言っていた人が、別の日には『まあがんばってね』に変わることがありました。『まあ』という二文字が入ると、心が離れているのがわかるのです。それでも、小中学校時代を垂水で過ごし、母は垂水のカラオケ店の店長でしたから、直接間接の知り合いはけっこういました。そうした人たちから一貫して支持を受けたことも大きかったと思っています」

――これから女性市議として、どういった活動をしたいとお考えでしょうか。

「やはり男性にはない視点を反映させたいと思っています。例えば子育て。子供を産み、育てやすい環境を整えることに全力を注ぎます。発達障害の児童を支援する福祉政策にも関心があります。

このたびの垂水市議選では、私を含めて新人が四人当選しました。もちろんそのうちの三人は男性ですが、古くからの地区の代表でなくても市議になれることを示せた意義は大きいと思います。垂水市役所でも、この四月に初めての女性課長が誕生しました。四年後の市議選には、すでに三人の女性が出馬を表明しています。少しずつですが、変化の兆しはあると感じています」

池田さんの市議としての四年間の活動が男性市議ばかりか垂水市民にも大いに評価され、ひいては男性中心的な大隅半島の政治風土を変える起爆剤となることを、心から期待せずにはいられなかった。

最後に蛇足として、気になっていることを尋ねてみた。少子高齢化が進むと、車の運転ができない高齢者が増える。その場合、鉄道やバスのような公共交通機関がないと、生活の足が確保できなくなるのではないか。すでに鉄道はなく、バスも本数が少ない。何か有効な対策はあるのか。

池田さんは、買い物の際の乗り合いタクシーがあることを挙げられた。確かに一つの方法ではあるが、それだと垂水が閉じた地域になってしまい、国の内外からの観光客を呼び込むことはできない。インバウンドの流れで外国からの客が増えることは確実なのだから、垂水の政治風土を変えるためにも、「外」からの客を積極的に呼び込む方策を考えるべきではないか。こう話すと、池田さんは「なるほどそうですね」とうなずかれた。

この点でも残念なのは、国鉄末期に大隅線が廃止されたことだ。もしいまもあれば、JR九州は指宿枕崎線の「指宿のたまて箱」に匹敵する特急列車を、鹿児島中央―鹿屋間に走らせたに違いない。あるいは、指宿から鹿児島中央を経て鹿屋に至る、鹿児島湾と桜島の風景をさまざまな角度から満喫できる特急列車が走っていたかもしれない。大隅線は志布志で宮崎に通じる日南線に接続していたから、人気の高いクルーズトレイン「ななつ星in九州」が乗り入れた可能性もある。

池田さんと一時間あまり話した。別れ際に土産として、「垂水かるかん」をいただいた。

かるかん（軽羹）というのは江戸時代に薩摩藩で誕生した鹿児島名物の和菓子で、「垂水かるかん」には温暖な気候で育ったサヤインゲンを素材とする餡《あん》が入っている。

もう正午になろうとしている。昨夜も今朝も鹿児島らしいものを食べられなかったので、地元のラーメンを食べたいと小林さんにリクエストする。池田さんもすすめていた「とんぼラーメン」に向かうことにした。

目指す店は、車だと十分もかからない垂水の中心部にあった。駐車場はほぼ一杯で、わざわざ遠くからやって来る客も少なくないようだ。

小林さんはご飯と餃子《ギョーザ》が付いたラーメン定食を、岸山さんはラーメンと半炒飯《チャーハン》のセットを注文したが、私は純粋にラーメンだけにした。ほどなくして、ネギにモヤシ、チャーシュー、ノリと、四分の一に切られたゆで卵がのったラーメンが運ばれてきた。

てっきり豚骨かと思いきや、鶏《とり》ガラベースに豚骨がブレンドされたような味で、豚骨独特の臭みは全くなかった。麵《めん》も博多《はかた》ラーメンのような白い麵ではなく、黄色いストレートの麵で、コシが非常にある。店の壁には自家製麵であることを強調する張り紙がしてある。

これで五百四十円は安い。たぶん同じ鹿児島県でも、鹿児島市とも枕崎市とも違うラーメンなのだろう。大隅半島に店があることで、かえって独自の進化を遂げたラーメンなのかもしれない。ようやくこの土地ならではの食べ物にありつけた満足感は大きかった。

近くの垂水市立図書館に向かう。雨は一時的にあがり、ようやく桜島が見えるようになった。だが山頂付近には、依然として厚い雲がかかっている。

郷土資料のコーナーに行くと、市役所の秘書広報係が毎月十五日に発行していた『市報たるみず』のバックナンバーがファイルに綴《と》じられていた。その一九七六年から七八年にかけての号に、「奥様インタビュー」と題する連載記事があるのが目を引いた。

毎回登場するのは、いずれも垂水市外、ほとんどは他府県から嫁いできた女性で、年齢はほぼ三十代から四十代。必ず本人の写真が掲載されている。

彼女らが垂水に移り住んでまず直面するのが、方言の壁だった。「ことばがわからず、今のところ主人の〝通訳つき〟です」（柊原下《くぬぎばるしも》　永田洋子さん）。「最初はことばがわからず隣近所の方にも頭をさげるだけでした」（蛸迫《たこのさこ》　川南治子さん）。「〝よそ者〟のイメージをなくすために『方言』を覚えるのに苦労しました」（大浜中《おおはまなか》　肥後たえ子さん）といった言葉からも、それは明らかだろう。

ここには、男性中心の政治風土が生まれやすい理由の一端が図らずも示されている。女性という「よそ者」は、難しい方言がきちんとできなければ、垂水の男性と対等とは見なされないということだ。

宮脇俊三の先の引用文からもわかるように、一九七〇年代は桜島の噴火活動が活発だったため、彼女らは降灰にも苦しめられた。「眼前に桜島、江之島《えのしま》と景色はすばらしいのですが、降灰がどうもね」（海潟　川畑百合香さん）。「海がきれい。だけどハエと灰にはびっくりしました」（永田洋子さん）。「桜島、最初はものめずらしくてながめたものでしたが、今はうんざりですね」（下後馬場《しもうしろばば》　谷山堂子さん）。庭などに溜《た》まった火山灰の掃除をするのは、もちろん彼女らに決まっていた。

中には、こんなことを言う女性もいた。「垂水の人は、人情味はありますけど、封建制度の厳しいところと感じました」（錦町《にしきまち》　中島理恵子さん）。大阪に生まれ育ち、六七年に結婚し、七二年に垂水に移り住んだ三十三歳の女性である。市役所が発行する広報紙でここまではっきりと本音を語る女性はさすがに珍しいが、それだけ大阪との落差の大きさに我慢がならなかったのだろう。

垂水に生まれ育った池田みすずさんよりも、このように「外」から移住した女性のほうが、もっと強く垂水の風俗習慣にぶつかり、違和感を覚えていたともいえる。もう四十年以上も前の連載記事とはいえ、ここで女性たちが言及した問題の多くは、いまなお消えてはいないだろう。

図書館の近くに、垂水鉄道記念公園があった。大隅線の垂水駅のホームや線路が残されているが、鹿屋市鉄道記念館とは違って駅舎や列車はない。

垂水市の高台から望む桜島。あいにくの雨に煙っていた

垂水の次の駅に当たる海潟温泉と国分の間が開通し、大隅線が全通したのは、一九七二年九月のことだった。翌年には鹿児島と垂水や鹿屋の間を結ぶ快速も走りはじめ、ますます便利になった。『市報たるみず』一九七三年八月号にも、「大隅線は開通してちょうど一年を迎えますが、利用者は当初考えられていた以上に多く、特に通勤、通学者には運賃が安い、時間的に速いなどの理由からよろこばれております」という記事が出ている。

ところが、国鉄末期に廃止対象の特定地方交通線に指定され、全通からわずか十五年で全廃されてしまった。ここまでの極端な例はほかにない。

例えば、同じく国鉄が廃止対象の特定地方交通線に指定した岩手県太平洋岸の盛《さかり》線、宮古《みやこ》線、久慈《くじ》線は、第三セクターの三陸鉄道が設立されることで生き残り、二〇一一年の東日本大震災では甚大な被害が出たにもかかわらず三年後に全面復旧し、さらには旧山田《やまだ》線の宮古―釜石《かまいし》間をJR東日本から移管させ、いまや日本最長の第三セクターとなっている。それに比べると大隅半島は、四十七年前に比べて公共交通機関が衰退し、不便になったと言わざるを得ない。

もう一つ、訪れるべき箇所が残っていた。二階堂進とともに戦後の大隅半島に君臨した政治家、山中貞則の実家、すなわち山中貞則顕彰館だ。

半島の内陸部に当たる曽於市末吉町にある。垂水市街からだと、鹿児島県道71号で峠を越え、64号を経て野方《のがた》インターから東九州自動車道に入り、曽於弥五郎《やごろう》インターを出て再び県道71号に入るなどして、一時間以上もかかる。志布志と宮崎県の都城《みやこのじょう》の間を結ぶ国鉄志布志線に末吉という駅があったが、大隅線同様、八七年三月に廃線となった。

二階堂家住宅と違って入場無料なのに、パンフレットが置かれている。二階建ての実家は、各部屋が「信の間」「仁の間」「徳の間」「義の間」「礼の間」「孝の間」「知の間」などと名付けられ、山中に関するさまざまな遺品が展示されている。ただ旧家が保存されているだけの二階堂家住宅とは雲泥の差がある。

国鉄大隅線の廃線跡。現在は遊歩道に変わっていた（鹿児島県鹿屋市）

各部屋につけられた名称自体からも、山中が儒教的な徳目を重視していたことがうかがえる。それは山中が生涯にわたって尊敬し、政治家としての範とした郷土の英雄、西郷隆盛《さいごうたかもり》（一八二八～七七）からの影響なのかもしれない。

玄関に入ると、まず目に飛び込んでくるのは山中の銅像だ。二階堂家住宅にも庭に二階堂の銅像があったが、こちらのほうが手入れが行き届いていて光っている。顕彰館で購入した『山中貞則とはこんな人　元秘書達のつぶやき』（私家版）によると、山中の銅像は曽於中央家畜市場や曽於市末吉町の畜産会社「ナンチク」、東京都千代田《ちよだ》区の日本漁船保険組合、沖縄県うるま市の勝連《かつれん》支所などにもあるという。銅像の数では二階堂を上回るだろう。

パンフレットには、「戦争で失われた多くの日本国民の命、そして戦地で散った戦友に報いるために、青年山中は、一念発起し、政治の世界に突き進んでいきました」とある。山中が政治家となるきっかけとなったのは、やはり戦争だったのだ。山中は一九二一（大正十）年の生まれだが、確かにこの世代は最も戦死者が多い。だが熊本の第六師団に入隊し、中国大陸に渡って終戦を迎えたため、特攻隊とは関わらなかった。そのせいか館内には、鹿屋航空基地史料館で見られたような展示はなかった。

二階の「義の間」には、山中の書斎がそのまま再現されていた。机と椅子があり、壁には本棚もある。本棚には、山中が購入したと思われる本や辞書、事典などがきれいに並んでいる。そのなかで女性が書いた本は、次の四冊しか見当たらなかった。

戸野村操《とのむらみさお》『おばあちゃんの知恵』（ごま書房、一九七二年）
瀧澤美恵子《たきざわみえこ》『ネコババのいる町で』（文藝春秋、一九九〇年）
上坂冬子《かみさかふゆこ》、曽野綾子《そのあやこ》『大声小声もう一声』（講談社、一九九三年）
マークス寿子《としこ》『ひ弱な男とフワフワした女の国日本』（草思社、一九九七年）

こうした本の並びを見る限り、山中がフェミニズムの思想に通じていたとは到底思えない。興味をひかれたのは、水上勉《みずかみつとむ》編『日本の名随筆42　母』（作品社、一九八六年）という本があったことだ。山中の生涯には、母親のアキノの存在が大きな影を落としているように思われるからである。

山中の自伝である『私の履歴書』（芳蘭会鹿児島支部、二〇〇四年）によると、山中は「私は自分の生き方についてはだれにも相談せず、自らが決めるというのが信条だ」としながら、一九五三年の衆院選に初めて出馬する際には母親に相談している。また前掲『山中貞則とはこんな人』によると、一九七〇年に過疎地域対策緊急措置法（過疎法）が制定されたのは、「この近所にどこに子供がいるか。田舎は若者もいなくなり子供もいなくなった」とアキノが嘆いたことがきっかけだった。

山中の銅像は、山中の生前から造られていた。八五年に曽於中央家畜市場に銅像が完成したときには、アキノも落成式に出席し、「息子の銅像を見るとは思わなかった」と感激の挨《あい》拶《さつ》をした。アキノはこの年に亡くなるが、「孝の間」には当時の首相、中曽根《なかそね》康弘《やすひろ》からの弔辞が展示されている。

大隅半島と政治の関係を考える上でも、このことは非常に興味深い。男尊女卑的な政治風土の背景には、母親を大事にする儒教的な思想があるように見えるからだ。表向きにはわからないが、半島で本当に権力を握っているのは政治家の「母」なのかもしれない。

あとがき

第七景「『半島』と政治」で引用した高畠通敏《たかばたけみちとし》の『地方の王国』は、戦後の保守政治を支えた地方の「王国」の実態に迫ったルポルタージュだった。

高畠は計量政治学を専門とする優れた学者でありながら、政治学者にしては珍しく地方にしばしば足を運んだ。同書の「あとがき」に「ロッキード事件第一審判決直前の新潟三区をたずね歩いた時から、盟主不在半年後の新潟三区を再訪するまで、一年十ヵ月ばかりの間に延べにして四十日あまりを、旅に過ごした」とある通りである。

なぜ旧新潟三区で田中角栄《たなかかくえい》のような政治家が当選し続けることができるのか。東京にいるだけではわからないこのような問題に対して、高畠は地方の視点から迫ろうとした。「まえがき」で記したような、大正末期に民俗学者の柳田國男《やなぎたくにお》が気づいた問題に、昭和末期になってようやく政治学者が本格的に取り組んだことになる。

けれども高畠亡きあと、彼の仕事をきちんと受け継ごうとする政治学者は、なかなか現れない。地方に足を運んで政治の実態に迫ろうとするのは、もっぱらジャーナリストの役割になってしまった感がある。

同じく政治学者であっても、私の専門は日本政治思想史であって、高畠のような現代政治分析ではない。現実の政治を対象とした章が、『地方の王国』へのオマージュといえる第七景しかないゆえんである。けれども本書の視角は、柳田とともに、高畠の仕事からも大きな影響を受けている。政治学者らしからぬ高畠のしなやかな文体は、地方を繰り返し訪れることで鍛えられたように思われるのだ。

実際に日本各地を訪れ、さまざまな場所に立ち、地形が織り成す風景を目にすると、まるでそこにしかない風景が語りかけてくるかのような瞬間があるのを、まざまざと体験した。そしてその風景を見ながら、かつて同じ場所にいたはずの人々——皇太子一家、民権運動家、革命家、ハンセン病患者、軍人、被爆者、御師《おし》、宗教家、伝説の皇族、伝説の女性、天皇、士官学校生徒、保守政治家など——に思いを馳《は》せるとともに、いまなおその場所にいる人々とも対話を重ねた。

風景は四季折々によって、また同じ一日でも天候によって大きく姿を変える。たとえ同じ地形であっても、また違った季節や天候の日に訪れたならば、本書で記したのとは全く違った印象をもったかもしれない。

いずれの取材も、事前に綿密なスケジュールを組んだ。ただ実際に出掛けてみると、全く意図していなかった出来事に遭遇することも珍しくはなかった。本書では、そうした出来事についても率直に記したつもりである。

『本の旅人』の編集長だった小林順《こばやしじゅん》さんには、本書の企画をはじめ、取材先の手配から自家用車の運転までお世話になった。また取材に同行した岸山征寛《きしやまゆきひろ》さんには、本書の編集を担当していただいた。お二人には心からお礼を申し上げたい。

本書で記したような地形と思想の関係を探るための旅は、実はまだまだ続けることができる。北海道や東北、北陸、近畿《きんき》、四国、沖縄など、訪れることができなかった地方も少なくない。いつかまた旅を再開できればと念じている。

二〇一九年十一月

原　武史

新書版あとがき

本書の「まえがき」では、明治以降の日本に国民国家が成立したと記した。ではそもそも国民国家とは何か。

ごく簡単に言えば、明治政府は国境を確定させ、天皇や皇族、華族を除く人々の身分、職業、住所、年齢、性別などの違いを平準化し、「国民」ないし「日本人」(当時の言葉で言えば「臣民」)を作り出そうとした。そのために戸籍を作成し、時間、言語、納税、兵役、教育など、全国統一の基準を設定し、一人一人を徹底的に管理した。

たとえ直接は見えなくても、「国民」ないし「日本人」からなる均質的な国家。これこそが国民国家の本質と言ってよいだろう。こうした近代化の側面については、繰り返し研究の対象となってきた。

しかし「まえがき」に記したように、世界的に見て日本ほど平地の割合が相対的に少なく、地形が複雑多岐にわたる国は珍しいこともまた事実である。たとえ首都にどれほど人工的な政治空間をつくろうが、政府による管理が隅々にまで行き渡るよう、国土全体を整地してフラットにすることはできない。国土の開発が全国各地で進んだとはいえ、また地震や火山の噴火などで地形が変わった場所もあるとはいえ、全体的に見れば元の地形が保たれている場所のほうがはるかに多い。

明治以降、全国に敷設された国有の鉄道網は、東京を中心とする国家を可視化するメディアとしての役割を果たした。確かに鉄道はトンネルや鉄橋、ループ線やスイッチバックなどを通して、地形による制約を乗り越え、国家の一体性を確立させたように見える。だが、本書に登場する空間の多くはその地形ゆえに鉄道がもともと通じなかったり、通じても後に廃止されたりして、いまとなっては自動車や船でしか行けないところにある。「第六景『台』と軍隊」で取り上げた、鉄道の駅がある神奈川県の相武台《そうぶだい》ですら、昭和天皇は最寄り駅を利用せず、自動車で訪問している。

それらの空間は、一方で地形のせいで国家や政府による管理や統制が行き渡らなかったり、古くからの習俗が残存していたりする場合がある。だからこそそこには私的な自由が生まれたり、反権力の拠点となったり、歴史的事実とは異なる民俗的な世界が息づいていたりする。さらには男尊女卑的な政治文化が保たれていたりもする。

他方で権力側が独特の地形を利用し、一般国民がたやすく立ち入れない空間をつくり出す場合もある。そこには同じ国民でありながら国家ないし天皇の清浄性を汚すと見なされた人たちがまとめて収容されたり、選ばれた軍事エリートだけが天皇に相対することのできる空間になったりする。決して平準化することのできない地形が、それぞれの地形にそくした多様な思想を生み出すのである。

それらの思想は、テキストとして残っていないため、いまやすっかり忘却されていることが少なくない。本書では、実際に関東から九州までの七つの現場を訪れ、それぞれの地形を実際に観察し、残存する思想の痕跡を注意深く探ろうとした。「まえがき」で本書を「紀行文風のエッセイ」と記したゆえんである。

では学術書ではないのかと問われれば、いや違うと答えたくなる。本書の根底には、現在の思想史学に対する違和感があるからだ。

思想史学の主流は、依然として思想家のテキスト解釈にある。その思想家が有名であればあるほど研究が積み重ねられるから、先行研究との違いを示すにはテキストをより厳密に読み込まなければならなくなる。その結果、どんどん窮屈で堅苦しくなる。ひたすら机に向かい、テキストと格闘する日々が続くのである。

本書で言及した柳田國男や高畠通敏は、「読む」に偏した学問の現状を鋭く批判し、「あるく」学問の重要性を説いた。しかし「あるく」のを本業とするのは、いまやもっぱらノンフイクション作家やジャーナリストばかりになってしまった。本書では思想史学にこの方法を適用しようとした。

より広い文脈で言えば、本書は私自身が提唱している空間政治学の一環としての意味をもっている。放送大学の印刷教材『空間と政治』（放送大学教育振興会、二〇二二年）で記したように、日本では西洋はもちろん、中国や朝鮮半島などと比べても、言説化された思想やイデオロギーに基づいて政治空間をつくる発想が弱い。その代わりに、政治空間として設計されていなかったり、一見自然の地形がよく保たれているように見えたりする空間であっても、そこに人々が入ったり留まったり住んだりすることで政治性や思想性を帯びた空間になり得る。

本書が明らかにしようとしたのは、まさにこうした意味での「空間」と「政治」や「思想」との関係にほかならない。

周知のように、世界的な新型コロナウイルスの流行に伴い、日本でも二〇二〇年春からコロナ禍に見舞われ、思うように移動ができなくなった。本書が記すように、七つの地形を取材した時期はそれよりも少し前だった。もう少し時期が後にずれ込んでいたら、本書が日の目をみることはなかったに違いない。

本書の取材と同時並行的に取材した成果をまとめたのが、『「線」の思考　鉄道と宗教と天皇と』(新潮社、二〇二〇年。新潮文庫版は二〇二三年四月)である。こちらは本書とは異なり、全国各地の鉄道の沿線に注目し、実際に訪れてその「線」から見えてくる思想を探ろうとしたものだ。しかし、現地を訪れながら言説化されない思想を浮かび上がらせようとする手法は共通している。合わせてお読みいただければ幸いである。

新たに角川新書に収録するに当たり、引き続きKADOKAWAの岸山征寛さんのお世話になった。いつもながらの行き届いた仕事ぶりに、どれほど助けられたかわからない。心より御礼を申し上げたい。

二〇二三年二月

原　武史

主要参考文献一覧

※編集部注。資料名・著者名の五〇音順に掲載している

『皇太子殿下　同妃殿下行啓誌』鹿児島県、一九六八年
『魂のさけび　鹿屋航空基地新史料館十周年記念誌』鹿屋航空基地史料館連絡協議会、二〇〇三年
『広島衛生医事月報』第八十二号、広島衛生医事月報社、一九〇五年
『山中貞則とはこんな人　元秘書達のつぶやき』（私家版）

麻原彰晃『日出づる国、災い近し』オウム、一九九五年
新井勝紘『五日市憲法』岩波新書、二〇一八年
池田大作『若き日の日記』1、聖教ワイド文庫、二〇〇五年
池田大作『新・人間革命』第16巻、聖教新聞社、二〇〇六年
石原莞爾『世界最終戦論』新正堂、一九四二年
井上章一『戦時下日本の建築家　アート・キッチュ・ジャパネスク』朝日選書、一九九五年
猪瀬直樹『ミカドの肖像』小学館文庫、二〇〇五年

色川大吉編著『五日市憲法草案とその起草者たち』日本経済評論社、二〇一五年
入江英弥「房総におけるオトタチバナヒメ伝承—千葉県富津市吾妻神社例大祭を事例として—」『國學院大學大学院文学研究科論集』17、一九九〇年
E・G・ヴァイニング『皇太子の窓』小泉一郎訳、文春学藝ライブラリー、二〇一五年
大川周明『大川周明日記』岩崎学術出版社、一九八六年
奥多摩町誌編纂委員会編纂『奥多摩町誌　歴史編』奥多摩町、一九八五年
大庭みな子「されこうべの呻く似島」『潮』一五六号、一九七二年、潮出版社
小田急電鉄株式会社編『利光鶴松翁手記』小田急電鉄、一九五七年
小田急電鉄株式会社社史編集事務局編『小田急五十年史』小田急電鉄、一九八〇年
小田部雄次『皇室と静岡』静岡新聞社、二〇一〇年
「角川日本地名大辞典」編纂委員会編纂『角川日本地名大辞典12　千葉県』角川書店、一九八四年
桂川寛『廃墟の前衛　回想の戦後美術』一葉社、二〇〇四年
神谷美恵子「らいと私」『神谷美恵子著作集2　人間をみつめて』みすず書房、一九八〇年
神谷美恵子「光田健輔の横顔」『神谷美恵子著作集2　人間をみつめて』みすず書房、一九八〇年
神谷美恵子「島日記から」『神谷美恵子著作集2　人間をみつめて』みすず書房、一九八〇年
神谷美恵子『生きがいについて』みすず書房、二〇〇四年
木更津市編『木更津郷土誌』木更津市、一九五二年
宮内庁編修『昭和天皇実録』第七、東京書籍、二〇一六年

宮内庁編修『昭和天皇実録』第八、東京書籍、二〇一六年
宮内庁編修『昭和天皇実録』第九、東京書籍、二〇一六年
宮内庁編修『昭和天皇実録』第十三、東京書籍、二〇一七年
宮内省臨時帝室編修局編『明治天皇紀』第三、吉川弘文館、二〇〇〇年
五井昌久『平和讃―詩集』白光真宏会出版局、一九八五年
高史明『闇を喰む　II焦土』角川文庫、二〇〇四年
皇后美智子『瀬音　皇后陛下御歌集』大東出版社、一九九七年
皇太子徳仁「秋山の思い出」『岳人』二〇〇五年十月号、ネイチュアエンタープライズ
皇太子徳仁「山と私」『山と溪谷』一九九六年一月号、山と溪谷社
五島勉『ノストラダムスの大予言』祥伝社、一九七三年
坂本太郎、家永三郎、井上光貞、大野晋校注『日本書紀』(一)、岩波文庫、一九九四年
坂本太郎、家永三郎、井上光貞、大野晋校注『日本書紀』(二)、岩波文庫、一九九四年
座間市編『座間市史4　近現代資料編2』座間市、二〇〇三年
座間市編『座間市史5　通史編　下巻』座間市、二〇一四年
錫村満『似島原爆日誌―若き軍医の回想録』汐文社、一九八六年
瀬木庸介『夜明けはもう間近い』河出書房新社、一九九九年
薗部英一編『新天皇家の自画像　記者会見全記録』文春文庫、一九八九年
高畠通敏『地方の王国』講談社学術文庫、二〇一三年

髙山文彦『宿命の戦記　笹川陽平、ハンセン病制圧の記録』小学館、二〇一七年
武田徹『「隔離」という病い　近代日本の医療空間』中公文庫、二〇〇五年
武田百合子『富士日記』上、中公文庫、一九九七年
次田真幸全訳注『古事記』(中)、講談社学術文庫、一九八〇年
鶴見祐輔編著『後藤新平』第一巻、後藤新平伯伝記編纂会、一九三七年
貞明皇后『貞明皇后御集』中、宮内庁書陵部、二〇〇一年
長井五郎『青春の賦―わが回想の陸軍士官学校』秋元書房、一九九二年
中尾伸治「天皇・皇后両陛下を長島にお迎えして」『愛生』二〇〇五年一月号、長島愛生園
中里介山『大菩薩峠』1、ちくま文庫、一九九五年
日蓮正宗宗務院編『大御本尊への信仰を捨てた創価学会をただす―矛盾のスパイラルにおちいった創価学会―』大日蓮出版、二〇一五年
日蓮正宗総本山大石寺「大石寺縁起」『日蓮正宗総本山大石寺案内』大日蓮出版、二〇一〇年
蜂飼耳「大山が見える」『秘密のおこない』毎日新聞社、二〇〇八年
浜尾実『皇后美智子さま』小学館、一九九六年
原武史『皇后考』講談社学術文庫、二〇一七年
原武史『可視化された帝国　近代日本の行幸啓』[増補版]、みすず書房、二〇一一年
原武史『「線」の思考　鉄道と宗教と天皇と』新潮文庫、二〇二三年
藤島泰輔『天皇　青年　死　三島由紀夫をめぐって』日本教文社、一九七三年

松永伍一『日本のナショナリズム　九州山脈にその源流を探る』大和選書、一九六五年
丸山真男『日本の思想』岩波新書、一九六一年
三島由紀夫『豊饒の海（三）　暁の寺』新潮文庫、二〇〇二年
水野和伸「山での皇太子さま」『岳人』二〇〇五年十月号、ネイチュアエンタープライズ
光田健輔『愛生園日記　ライとたたかった六十年の記録』毎日新聞社、一九五八年
宮﨑佳都夫「陸軍似島検疫所と厚生省広島検疫所」似島連合町内会郷土史編纂委員会編『似島の口伝と史実1　島の成り立ちと歩み』似島連合町内会、一九九八年
宮﨑佳都夫「軍との係わりと平和への道」似島連合町内会郷土史編纂委員会編『似島の口伝と史実1　島の成り立ちと歩み』似島連合町内会、一九九八年
宮野千代『稿本弟橘比売命御事績　非常時日本婦人の典型』弟橘比売命御事績刊行会、一九三九年
宮脇俊三『最長片道切符の旅』新潮社、二〇〇八年
村上春樹『1Q84　BOOK1〈4月―6月〉前編』新潮文庫、二〇一二年
村上春樹『1Q84　BOOK1〈4月―6月〉後編』新潮文庫、二〇一二年
文部省編『小学国語読本』巻七、文部省、一九三七年
柳田國男「雪国の春」「豆の葉と太陽」『柳田國男全集2』ちくま文庫、一九八九年
山中貞則『私の履歴書』芳蘭会鹿児島支部、二〇〇四年
涌田佑『郷土史としての相武台陸軍士官学校』涌田先生の話を聞く会・相武台公民館、二〇〇六年

他、『朝日新聞』、『読売新聞』、『静岡新聞』、『南日本新聞』、『広報ひのはら』、『白光』、『横浜貿易新報』、『市報たるみず』、宮内庁ホームページなどを参照した。

本書は二〇一九年一二月に小社より刊行された単行本を加筆修正したものです。
本文中に登場する方々の肩書き・年齢は、いずれも取材時のものです。

原　武史（はら・たけし）
1962年、東京都生まれ。早稲田大学政治経済学部卒業後、日本経済新聞社に入社。東京社会部記者として昭和天皇の最晩年を取材する。東京大学大学院博士課程中退。放送大学教授、明治学院大学名誉教授。専攻は日本政治思想史。98年『「民都」大阪対「帝都」東京』（講談社選書メチエ、のち講談社学術文庫）でサントリー学芸賞、2001年『大正天皇』（朝日選書、のち朝日文庫）で毎日出版文化賞、08年『滝山コミューン一九七四』（講談社、のち講談社文庫）で講談社ノンフィクション賞、同年『昭和天皇』（岩波新書）で司馬遼太郎賞を受賞。他著書に『皇后考』（講談社、のち講談社学術文庫）、『レッドアローとスターハウス【増補新版】』（新潮選書）、『平成の終焉』（岩波新書）、『「線」の思考』（新潮社、のち新潮文庫）、『皇室、小説、ふらふら鉄道のこと。』（三浦しをん氏との共著、KADOKAWA）など多数。

地形《ちけい》の思想史《しそうし》

原《はら》　武史《たけし》

2023年 5月 10日　初版発行

発行者　山下直久
発　行　株式会社KADOKAWA
〒102-8177　東京都千代田区富士見2-13-3
電話　0570-002-301（ナビダイヤル）
装丁者　緒方修一（ラーフイン・ワークショップ）
ロゴデザイン　good design company
オビデザイン　Zapp!　白金正之
印刷所　株式会社暁印刷
製本所　本間製本株式会社

角川新書
　ISBN978-4-04-082436-9 C0230